AF317377

FACULTÉ DE DROIT DE PARIS

DROITS DE
SUCCESSION AB INTESTAT
ENTRE ÉPOUX
EN DROIT ROMAIN ET EN DROIT FRANÇAIS

THÈSE POUR LE DOCTORAT

PAR

CHARLES HÉRISSON
AVOCAT A LA COUR D'APPEL

PARIS
LIBRAIRIE NOUVELLE DE DROIT ET DE JURISPRUDENCE
ARTHUR ROUSSEAU, ÉDITEUR
14, RUE SOUFFLOT, ET RUE TOULLIER, 13

1892

THÈSE

POUR LE DOCTORAT

FACULTÉ DE DROIT DE PARIS

DROITS DE
SUCCESSION AB INTESTAT
ENTRE ÉPOUX
EN DROIT ROMAIN ET EN DROIT FRANÇAIS

THÈSE POUR LE DOCTORAT

L'ACTE PUBLIC SUR LES MATIÈRES CI-APRÈS

Sera soutenu le Samedi 11 Juin 1892 à 2 heures et 1/2

PAR

Charles HÉRISSON

AVOCAT A LA COUR D'APPEL

Présidents : M. GÉRARDIN.

Suffragants : { MM. CAUWÈS / HENRY MICHEL } *Professeurs* / SAUZET, *Agrégé.*

PARIS
LIBRAIRIE NOUVELLE DE DROIT ET DE JURISPRUDENCE
ARTHUR ROUSSEAU, ÉDITEUR
14, RUE SOUFFLOT, ET RUE TOULLIER, 13

1892

DROITS DE SUCCESSION

AB INTESTAT ENTRE ÉPOUX

Et commentaire de la Loi du 9 Mars 1891

INTRODUCTION

Une loi récente est venue modifier les droits de l'époux sur la succession de son conjoint prédécédé. Cette loi, promulguée le 9 mars 1891 après une longue élaboration, soulevait une question intéressante : celle de savoir si le lien conjugal doit être le fondement d'un droit successoral, autrement dit si le titre d'époux contient en soi le germe de la vocation héréditaire dans le règlement de la succession *ab intestat*. Une telle question a dû se poser à toutes les époques ; c'est pourquoi il nous a paru à propos de rechercher depuis quand le droit successoral entre époux a été consacré dans les principales législations anciennes et modernes et quand il l'a été, quelles en furent la nature, les limites et les conditions.

A ce sujet se limitera notre étude. C'est dire par là même que nous n'étudierons pas d'une façon générale la condition de l'époux survivant et les divers gains de survie qui ont pu lui être reconnus aux différentes époques. Un tel programme qui serait intéressant à bien des titres a été l'objet d'un savant mémoire de M. Boissonade couronné par l'Institut de France. Il nous entraînerait du reste à faire en quelque sorte l'historique des rapports d'intérêts créés par le mariage entre les époux et telle n'est pas notre instruction. Notre sujet est plus modeste et se restreint au droit successoral entre époux, en laissant même de côté les donations entre vifs et testamentaires que la loi civile favorise ou limite entre conjoints suivant le point de vue auquel elle se place.

Nous consacrerons les premières pages de notre étude à certaines législations anciennes qui nous intéressent en raison de leur origine et de leur antiquité et dont quelques-unes sont encore appliquées dans les pays dépendant de la domination française.

Arrivé à la législation romaine qui mérite de nous arrêter plus longtemps, nous aurons à faire l'historique du droit successoral entre époux tel qu'il a été appliqué à Rome.

Nous rechercherons en troisième lieu comment ce droit de succession est parvenu à s'introduire dans notre ancienne France, quelle en a été l'origine, les modifications et jusqu'à quelle époque il a persisté.

Enfin, après avoir jeté un coup d'œil rapide sur la période intermédiaire, nous arriverons aux dispositions du Code civil sur le sujet qui nous occupe, pour examiner les critiques qu'elles ont soulevées, les améliorations partielles et les projets de réforme qui sont nés de ces critiques, et étudier en dernier lieu le droit successoral du conjoint survivant depuis la promulgation de la loi du 9 mars 1891.

La loi nouvelle, que nous expliquerons et commenterons en détail après en avoir fait l'historique, contient deux dispositions importantes ; elle établit un droit successoral d'usufruit en faveur du conjoint survivant et, en cas d'insuffisance ou de disparition de ce droit, attribue à l'époux qui se trouve dans le besoin une créance alimentaire à prendre sur la succession du prédécédé.

Pour terminer et comme appendice à notre travail, nous citerons quelques législations étrangères et mentionnerons en dernier lieu les plus récentes qui se sont occupées de la question de régler les droits du conjoint survivant.

PREMIÈRE PARTIE

LÉGISLATIONS ANCIENNES

—

CHAPITRE PREMIER

LÉGISLATIONS GRECQUES

La législation des peuples de l'ancienne Grèce ne saurait retenir longtemps notre attention. Rien ne permet en effet d'affirmer ou même de supposer qu'il existât l'apparence d'un droit successoral entre époux dans les différentes lois des républiques grecques. Pourrait-on du reste s'en étonner dans des législations où le droit public absorbe le droit privé comme l'Etat absorbe la famille? C'est à peine si le droit de succession existait au profit des enfants ; comment aurait-il pu dès lors être admis entre les époux ?

A Sparte le mariage constituait bien un devoir qu'imposait à tout citoyen l'intérêt de la cité, mais le lien conjugal en lui-même était trop peu respecté pour qu'il pût devenir la source d'un droit héréditaire. — Avec Solon la législation athénienne s'était adoucie et humanisée, mais pas plus avec lui que sous l'empire des lois draconiennes, elle ne paraît avoir admis les époux à se succéder l'un à l'autre dans une mesure quelconque. Les droits de survie entre conjoints, qui sont l'effet des prévisions de l'homme ou de la loi, ne semblent même pas y avoir été connus [1].

CHAPITRE II

LÉGISLATION HÉBRAÏQUE

Quoique la législation des Hébreux nous soit plus connue que celle des autres peuples de l'Orient, il serait téméraire d'affirmer qu'il existât un véritable droit successoral entre époux à une

---

1. Boissonade : *Histoire des droits de l'époux survivant*, p. 28.

époque quelconque de l'histoire du peuple juif.

Il faut constater en premier lieu què dans l'ordre successoral réglé par Moïse les époux ne figurent pas [1].

La condition de la femme chez ce peuple était d'ailleurs trop inférieure à celle de l'homme pour que la veuve fût admise à recueillir une part des biens laissés par son mari. La polygamie était reconnue par la loi mosaïque et la répudiation largement autorisée ; l'homme pouvait prendre plusieurs concubines et même plusieurs femmes. La femme faisait partie du patrimoine du mari et, à ce titre, tombait avec les autres biens en la possession de l'héritier. Les filles elles-mêmes étaient primitivement incapables de succéder à leur père, le privilège de masculinité comme celui de primogéniture s'exerçant sur les biens de ce dernier [2].

Quant aux droits du mari sur la succession de la femme, ce n'est qu'après Moïse et seulement à l'époque rabbinique, qu'ils paraissent avoir été formellement reconnus [3]. Mais alors le mari aurait

1. Nombres, XXVII, 8-10.

2. Depuis Moïse les filles toujours frappées d'exclusion en présence d'enfants mâles, sont admises, à défaut de ceux-ci, à la succession de leur père, à condition toutefois qu'elle ne se marient pas hors de la tribu (Nombres XXXVI, 3-12).

3. M. Boissonade (p. 18), qui s'appuie sur Selden : *de jure succes-*

primé même ses enfants dans la succession de
leur mère, de manière à leur transmettre ensuite
cette succession confondue dans la sienne propre.

Il faut donc conclure que si le mari paraît pouvoir au moins à l'époque rabbinique, succéder à
sa femme, celle-ci n'a jamais joui d'un droit réciproque.

CHAPITRE III

DROIT HINDOU

Les préceptes de Manou offrent de l'intérêt non
seulement au point de vue historique [1] et à raison de la communauté d'origine qui nous unit au
peuple hindou, mais sont encore un sujet d'actualité puisqu'ils restent toujours la base de la lé-

sionis apud Hebræos. Liv. I, chap. xvii, xix, et Rabbinowiez, p. 25
et 63.

1. Un magistrat de l'Inde écrivait au milieu de ce siècle « le livre de
Manou plane sur toutes les littératures, comme loi il domine tous les
peuples. » Gibelin, procureur général à Pondichéry. Etudes sur le

gislation civile de l'Inde moderne[1]. Les magistrats de nos colonies les appliquent encore journellement aux indigène qui n'ont pas renoncé à leur statut personnel et leurs décisions à cet égard sont soumises à la censure de la cour de Cassation.

Le système successoral du droit hindou repose sur le principe de l'accomplissement par l'héritier des devoirs envers les mânes du défunt et des ancêtres. La famille indienne est en effet une sorte de corporation religieuse, vouée au culte perpétuel des divinités domestiques ; ces divinités, c'est le père de famille défunt, ce sont les ancêtres. Tout homme, disent les textes sacrés, est tenu de *la dette des ancêtres ;* il doit laisser au moins un fils pour célébrer ses funérailles, condition indispensable pour son bonheur dans l'autre vie, et accomplir les devoirs prescrits envers les mânes des aïeux[2]. Quiconque meurt sans pos-

droit civil des Hindous, t. I. p. 24. Le même auteur a même voulu présenter la concordance de la loi de Manou avec le droit civil de la Grèce, de Rome et des Germains.

1. Les Anglais aussi bien que les Français ont conservé aux Hindoux le privilège d'être jugés d'après leur droit civil. Quant au droit pénal, on sait que, dans les pays conquis, c'est le droit du conquérant qui est toujours appliqué.

2. Traduction des lois de Manou par Loiseleur Deslonchamps, p. 337. Manou, liv. IX, sloca, 137. « *Pas un fils ou homme gagne les mondes célestes ; par le fils d'un fils il obtient l'immortalité, par le fils de ce petit-fils il s'élève au séjour du soleil.* »

térité mâle, naturelle ou adoptive, est voué aux peines éternelles[1].

Toutes les institutions des hindous reposent sur ce culte superstitieux des ancêtres. La propriété n'est elle-même qu'une sorte de dépôt entre les mains de celui qui la possède ; il la détient non pour lui seul, mais pour la famille dont il est le chef. Aussi, du vivant du père, les fils sont-ils considérés comme ayant avec lui un droit de co-propriété sur les immeubles, surtout ceux reçus par héritage, d'où cette conséquence logique que ces biens ne peuvent être aliénés sans leur consentement.

Dans une semblable organisation de la famille et de la propriété, les époux seront-ils admis à se succéder l'un à l'autre ? Au décès du mari, l'hérédité est déférée aux enfants mâles légitimes ou adoptifs, avec des prérogatives pour l'aîné chargé de veiller aux sacrifices funèbres en l'honneur des aïeux. Les filles qui ne peuvent offrir le sacrifice aux mânes de la famille sont dès lors exclues, sauf à être dotées par leurs frères[2].

Ces cérémonies consistent (Laude : *Manuel de droit hindou*) dans l'oblation d'un gâteau funèbre pour les parents les plus rapprochés et des libations d'eau pour les parents d'un degré plus éloigné.

1. C'est ce qui donne une si grande importance à l'adoption en droit hindou.

2. V. dans la *Revue historique* 1855, t. I, p. 305 et s. aperçu histo-

A défaut de fils et de descendants mâles jusqu'au quatrième degré, dans le cas où le *de cujus* n'était pas en communauté, la femme vient alors recueillir toute la succession.

Mais si le défunt avait successivement épousé plusieurs femmes, comment partager son héritage ? D'après une opinion *l'aînée* des femmes, c'est-à-dire celle qui avait été épousée la première, recueille la succession tout entière à la charge de nourrir les autres veuves. Si la première femme est morte avant son mari, la succession est alors dévolue à la veuve subséquente, et ainsi de suite en suivant les dates des divers mariages. Cette doctrine soutenue par Satrange est fondée sur le principe que seul le premier mariage est contracté pour l'accomplissement d'un devoir. Au contraire dans une autre opinion qui est plus généralement admise[1], toutes les veuves hériteraient par égales parts.

Le droit héréditaire de la veuve serait même plus étendu au dire de certains auteurs[2]. Elle ne serait pas exclue par les enfants mâles, mais au contraire succéderait en concurrence avec les

rique et analytique du droit hindou par Boscharon-Desportes, président à la cour de Pondichéry.

1. V. Laude, op. cit. p. 120.

2. V. Boissonade, p. 25, qui s'appuie sur un des successeurs de Manou qui a conservé une grande autorité dans l'Inde.

fils : pour une part virile, si elle n'a rien reçu de son mari ou de son beau-père, et pour une demi-part dans le cas contraire. Le droit de la veuve serait alors le même quand le chef de famille fait, de son vivant, le partage de ses biens entre ses héritiers, l'épouse ou plutôt les épouses seraient admises à une part d'enfant concurremment avec les fils.

S'agit-il maintenant de régler la dévolution des biens d'une femme mariée? Les filles et les petits enfants nés d'elle obtiennent la préférence sur les fils ou leurs descendants. A défaut de filles viennent les enfants.

C'est seulement en l'absence de toute postérité que les biens de la femme sont acquis au mari, sauf ceux qui lui ont été donnés en mariage, lesquels doivent retourner au père et mère donateurs.

De ce qui précède, il est donc permis de constater que le droit successoral entre époux existe bien réellement en droit hindou quoiqu'à des degrés divers. Le mariage, source de la procréation légitime est en effet la grande préoccupation des hindous; la polygamie quoique permise et tolérée n'est pas aussi commune qu'on pourrait le croire; et le fait du mari de prendre une seconde femme du vivant de la première ne dépend pas de son

caprice. Le lien conjugal a toujours été entouré
d'une grande vénération de la part des Hindous ;
c'est pourquoi nous ne devons pas nous étonner
de le voir produire des conséquences notables au
point de vue successoral.

CHAPITRE IV

DROIT MUSULMAN

Les préceptes du Koran régissent non seulement les pays soumis à la domination Ottomane,
ils forment encore le droit privé des indigènes de
notre grande colonie algérienne. L'avènement de
la domination française n'a en effet rien modifié
aux statuts personnels des peuples de l'Algérie ;
notre législation coloniale ayant chargé les juges
français de rendre la justice civile aux indigènes
d'après leurs lois et coutumes, c'est d'après la loi
musulmane et non d'après la loi française que la
succession d'un musulman doit être régie[1].

1. *Traité élémentaire de droit musulman algérien (Ecole Malekite)*

Les anciennes Coutumes Arabes avaient pour but dans leurs dispositions successorales le maintien des biens dans la famille ; elles attribuaient l'hérédité aux parents mâles et spécialement à ceux qui étaient aptes à porter les armes. Aussi toutes les femmes en général se voyaient-elles directement ou indirectement exclues de toute succession : l'homme seul avait alors une personnalité juridique, la femme n'était rien. Les veuves, placées sur la même ligne que les esclaves, dépendaient de la succession de leur mari et passaient après sa mort dans le patrimoine de l'héritier[1].

Le prophète réagit contre ces coutumes barbares et vient attribuer une part de l'hérédité aux parents que le *de cujus*, suivant la loi naturelle, doit entourer de son affection. Avec lui la femme devient quelqu'un, c'est une personnalité, ce n'est plus une chose. Sans doute elle est loin d'acquérir l'indépendance, et l'égalité des époux, incompatible avec la polygamie, ne saurait être proclamée par Mahomet ; mais le sexe de la femme

par M. Zeys et MM. Santayra et Cherbonneau : *Du statut personnel et des successions*, t. II.

Des 4 sectes orthodoxes de l'Islamisme, 2 seules étaient professées par les habitants de la régence d'Alger ; c'étaient les sectes Maleki et Hanefi. La première comprend les Arabes, les Maures et les Kabyles, c'est-à-dire toute la population algérienne, tandis que la seconde s'applique plus particulièrement aux Turcs.

1. Koran. Sourat xi, iii, verset 16.

qui l'excluait primitivement de toute succession, lui permettra dorénavant de primer au contraire les héritiers mâles. La veuve ne sera plus oubliée dans le partage des biens du mari prédécédé.

Mahomet reconnaît deux catégories d'héritiers, les uns appelés *saheb, el fardh*, légitimaire ou à réserve, prennent dans la succession la part fixée par le Koran ; les autres désignés sous le nom d'héritiers universels ou d'héritiers *aceb*, recueillent ce qui reste après le prélèvement opéré par les premiers.

Les droits successoraux du conjoint survivant sur les biens du prédécédé sont formellement reconnus par le Koran et réglés dans les versets 13 et 14. Sourat IV [1].

Verset 13. — La moitié des biens d'une femme morte sans postérité appartient au mari et un quart seulement si elle a laissé des enfants, les legs et les dettes prélevés.

Verset 14. — Les femmes auront un quart de la succession des maris morts sans enfants, et un huitième seulement s'ils en ont laissé, les legs et les dettes prélevés. [2]

Ainsi donc le mari qui survit à sa femme a droit au quart de la succession si la femme laisse un ou

1. Traduction du Koran par M. Kasimirski.
2. *Eléments de droit algérien* par M. Sabotéry.

plusieurs enfants de l'un ou de l'autre sexe. Dans le cas contraire, c'est-à-dire si la femme ne laisse pas de postérité, le mari recueille la moitié de l'hérédité.

La veuve ou plus exactement les veuves, recueillent le huitième ou le quart de la succession de leur mari prédécédé, suivant que celui-ci a ou non laissé des enfants.

Ces droits constituent une réserve (*fardh*) et ils sont acquis au profit du conjoint survivant dès que le mariage est contracté, à condition toutefois que celui-ci ne soit pas entaché de nullité radicale.

Ajoutons en dernier lieu que la femme musulmane par suite du divorce et de la répudiation, peut avoir plusieurs maris. Dans ce cas, il a été reconnu par la jurisprudence que quel que soit le nombre de maris que la femme ait eus, c'est le dernier qui hérite de la moitié si la femme ne laisse pas de descendants.

DEUXIÈME PARTIE

DROIT ROMAIN

Le lien conjugal a-t-il toujours été considéré à Rome comme fondement d'un droit héréditaire, quelles modifications subirent les droits de succession *ab intestat* que la législation romaine reconnut peu à peu en faveur du conjoint survivant? Telle est la question que nous aurons à examiner.

Nous laisserons donc de côté tout ce qui a trait aux dispositions entre vifs ou testamentaires et ne ferons pas davantage l'histoire et l'analyse des gains de survie qui peuvent naître de la dot et des conventions matrimoniales.

Comme nous l'avons déjà dit en commençant, notre sujet est beaucoup plus restreint, et pour modeste qu'il paraisse et soit en réalité, il n'en conserve pas moins son importance et son intérêt quand on se place au point de vue du développement historique du droit romain, dont les principales dispositions se retrouveront à des degrés divers

2

dans le droit de notre ancienne France, avant de marquer leur empreinte dans l'ensemble du Code civil.

Le droit successoral entre époux a été réglé plus ou moins favorablement suivant qu'on se place aux diverses époques du droit romain. Ce sont ces différentes époques qui nous fourniront la division logique et naturelle de notre sujet.

Chapitre I. — 1re période. — Droit civil.

Chapitre II. — 2e période. — Droit prétorien.

Chapitre III. — 3e période. — Constitutions impériales et droit du Bas Empire.

Au surplus, dans la matière des successions comme dans les autres parties du droit privé, la législation de Rome se modifie en suivant ces trois périodes successives qui constituent les étapes ordinaires que l'on rencontre dans l'histoire de toutes les institutions juridiques du peuple romain.

CHAPITRE PREMIER

1re PÉRIODE. — DROIT CIVIL

La situation successorale du conjoint survivant est si différente selon que le mariage a été contracté avec *conventio in manum mariti* ou que l'union conjugale s'est réalisée sans *manus*, qu'il sera nécessaire de dire quelques mots de cette dernière institution ; nous devrons donc nous placer successivement en présence de ces deux situations différentes : 1° Mariage avec *conventio in manum mariti*.

2° Mariage sans *manus* ou mariage libre.

Section I. — De la Manus, ses effets spécialement au point de vue successoral.

La *Manus*[1], dont il serait difficile de déterminer l'origine d'une façon bien précise, semble remonter à la plus haute antiquité romaine, à cette épo-

---

1. Sur la *Manus*. V. M. Esmein : la *manus, la paternité et le divorce dans l'ancien droit romain.* — M. L'abbé. *Revue historique,* 1887, p. 1· — Gide : *Etude sur la condition privée de la femme,* p. 118. — von Ihéring : *Esprit du droit romain,* t. II, p. 182 à 190.

que où la coutume est encore la seule source du droit; en effet, ni la loi des XII tables ni l'édit du préteur ne l'ont introduite et selon l'expression de Gaïus III § 82 « *eo jure quod consensu receptum est introductæ sunt.* »

Liée intimement à l'organisation de la famille romaine, elle présente beaucoup d'analogie avec la *patria potestas* dont elle n'est en quelque sorte qu'un dérivé. Sous le régime patriarcal qui est le fondement de la famille romaine, le *paterfamilias* jouit d'une autorité civile et religieuse; en même temps qu'il préside aux *sacra privata,* il étend sa domination non seulement sur les personnes physiques de ceux qui l'entourent, mais absorbe encore dans son patrimoine tous les biens que pourront acquérir ceux ou celles qui sont soumis à sa puissance; femmes, enfants, esclaves, tous sont placés sous cette autorité absolue du chef de famille et les acquisitions qu'ils pourront réaliser se réuniront pour se condenser entre les mêmes mains.

La *manus* apparaît donc comme venant compléter l'unité de la famille romaine. Aussi peut-on soutenir avec vraisemblance qu'à l'origine la plupart, pour ne pas dire la totalité des mariages romains, étaient accompagnés de la *conventio in manum mariti.* « *Materfamilias ea sola est quæ in manu mariti est*[1]. » Voilà bien qui prouve que le titre honoré de *materfamilias* appartient seulement à la femme qui a quitté sa famille d'origine pour se soumettre à la *manus* de son mari.

Gaius résume les effets de la *manus* dans une formule qui depuis a été souvent reproduite par les commentateurs « *in familiam veri transiebat filiæque locum obtinebat*[2]. »

A partir de la *conventio in manum*, la femme n'est plus la *filiafamilias* de son père ; celui-ci vient d'abdiquer tout pouvoir sur elle. Au moment du mariage la femme était-elle *sui juris ?* dorénavant, elle ne sera plus l'agnate de ses tuteurs et ceux-ci ont perdu tous droits à sa tutelle et à sa succession. Le propre de la *manus* est donc d'opérer une *capitis deminutio*, c'est-à-dire un changement radical de famille.

En revanche, la femme entre dans la famille de son mari où elle devient *loco filiæ ;* tout ce qu'elle possède se réunit au patrimoine du mari et les acquisitions qu'elle pourra réaliser par la suite viendront le grossir[3], en sorte que les biens des deux époux forment désormais une masse unique dont ils ont en quelque sorte la copropriété et dont

1. Aulu-Gelle, *Nuits att.* XXIII, 6.
2. Gaius, I, § 111.
3. Gaius, III, § 83.

le mari seul a le gouvernement et la disposition [1].

Survie de la femme in manu. — La qualité de fille vis-à-vis du mari a pour l'époux une grande importance en ce qui concerne ses droits héréditaires. A la mort du chef de famille, le patrimoine commun doit se partager entre tous les enfants qui étaient soumis à la même puissance. Or, la veuve étant placée *loco filiæ*, succédera comme fille [2] et au rang de fille, ce qui lui permettra de concourir pour égale portion avec ses propres enfants dont elle est en quelque sorte comme la sœur, et même avec les enfants nés d'un précédent mariage du mari. Enfin n'y a-t-il pas d'enfants? elle succédera seule et pour le tout à l'exclusion des agnats du *de cujus*.

Dans un cas comme dans l'autre, elle était *heres sua* et *necessaria*; acquérait donc l'hérédité

1. Denys d'Hal. ii, 25.

2. En conséquence le mari, faisant son testament, était tenu d'instituer ou d'exhéréder sa femme comme *heres sua*, seulement il pouvait l'exhéréder *inter cæteros* (Ulpien. *Règles* xxiv, § 14). L'omission de la femme, au lieu d'entraîner la nullité entière du testament, ne devait donner lieu qu'au *jus accrescendi* (Cfr. Gaius, ii, § 189; Ulp., ibid. § 17). Si, au contraire, le mari avait testé avant le mariage, la *conventio in manum* de la femme produisait l'effet de l'*agnatio postremiæ filiæ* et le testament était rompu (Gaius, ii, § 139; Ulp. xxiii, 3. — La femme libérée de la *manus* par l'émancipation (Gaius, ii, § 137) était assimilée à une fille émancipée et devait être instituée ou exhérédée pour l'observation du droit prétorien, sans quoi, en cas d'omission, le préteur lui donnait la *bonorum possessio contra tabulas*.

sans addition, *ipso jure* et malgré elle, sauf le bénéfice d'abstention que le droit prétorien accorda de bonne heure aux *hæredes sui.* « *Idem jus est abstinere se ab hereditate et in uxoris persona quæ in manu est, quia filiæ loco sit,* dit Gaius. »

- *Suivie du mari.* — Quant à un droit de succession quelconque en faveur du mari, lorsque la femme prédécède, il est évident qu'il ne saurait en être question par la raison bien simple que, dans cette situation, il n'y a pas, à opérer de règlement de succession. En effet la femme *in manu* ne laisse pas de biens en mourant ; ceux qu'elle avait au moment du mariage se sont absorbés dans le patrimoine du mari par l'effet de la *conventio in manum,* et ceux qu'elle a pu acquérir postérieurement par son travail ou son économie, sont tombés dans ce patrimoine commun qui ne doit se partager qu'à la mort de son chef[1].

Nous n'avons pas à décrire en détail les modes d'établissement de la *manus,* pas plus que les procédés ou événements susceptibles de la faire disparaître. Il nous suffira de constater qu'elle ne peut s'établir qu'entre citoyens romains, Gaius I, § 108 : « *nunc de his personis videamus quæ in manu nostra sunt : quod et ipsum jus proprium ci-*

____

1. Gaius, II, 98 ; III, 83 ; II, 89 et 90.

vium romanorum est, » et qu'en outre il est nécessaire qu'un des trois procédés pour l'obtenir : *confarreatio* [1], *coemptio* [2], *usus* [3], soit intervenu.

A côté des *justæ nuptiæ*, l'union conjugale la plus parfaite, celle que réglementait la loi civile, coexistèrent à Rome des unions que le droit naturel faisait admettre ou que toléraient les mœurs dans une mesure plus ou moins large.

Tels furent le *mariage du droit des gens* et le *concubinatus* [4]. Mais ni l'un ni l'autre ne purent jamais entraîner en faveur de la femme un droit de succession *ab intestat* semblable à celui qui ré-

---

1. La *Confarreatio* est une cérémonie religieuse et symbolique, décrite par Gaius, i, § 112, elle est peu à peu abandonnée quoiqu'il nous en atteste encore l'existence de son temps. Elle dut tomber en désuétude sous l'empire, car Tacite rapporte dans ses annales (iv, 16) que, sous le règne de Tibère, il était difficile de trouver des patriciens issus *ex confarreatis nuptiis* pour en faire des flamines de Jupiter.

La *coemptio* (Gaius, i, § 113 et 123) est un achat fictif et s'accomplit au moyen des formes de la *mancipatio*.

2. Quant à l'*usus* il n'existe déjà plus au temps de Gaius ; il reposait sur ce principe que la propriété des choses mobilières s'acquérant par une possession prolongée pendant un an, de même le mari devait acquérir ainsi la *manus* sur sa femme par une sorte d'usucapion qui résultait de la cohabitation prolongée sans interruption pendant une année. Mais il suffisait à la femme de s'absenter trois nuits consécutives (*trénoxia*) du domicile conjugal pour éviter la *manus* (Venuleius, i, 15, pr. D. lib. 3. — Aulu-gelle *Nuits attiques*, iii, 2).

3. L'opinion dominante aujourd'hui admet avec M. Gide que le *concubinatus* romain n'est qu'une union de fait et doit être traduit par notre mot concubinage ; il ne faudrait donc pas y voir une union que les empereurs auraient élevée au rang d'institution légale.

sultait de la *manus* et qui ne pouvait exister que dans le *justum matrimonium.*

Résumé. — Droits de succession en faveur de la femme.

En résumé dans cette première situation du mariage accompagné de *convention in manum mariti,* il ne peut être question d'un droit successoral en faveur du mari, puisque celui-ci est maître absolu du patrimoine commun à la famille et que la femme ne laisse en mourant aucun bien qui lui soit propre.

Au contraire, la femme survivante exerce un droit important dans la succession de son époux prédécédé ; elle est comptée comme un enfant de plus et succède comme fille. Ce droit sera d'une part d'enfant si la veuve se trouve en concours avec ses propres enfants ou les enfants de son mari issus d'un lit précédent, les liens d'agnation la mettant sur la même ligne ; à leur défaut, il sera de la totalité de la succession.

Sans doute, devons-nous observer, la femme occupe ici une situation privilégiée dans la succession de son mari prédécédé, mais ces droits tout importants qu'ils puissent paraître, ne sont en définitive que la conséquence de la *manus,* ils dérivent d'un lien de puissance et n'ont pas le mariage pour unique fondement. Ce n'est donc pas encore le droit de succession réciproque entre époux, c'est-à-dire qui serait applicable au mari aussi bien qu'à la femme et qui découlerait du lien conjugal en lui-même. Un droit semblable ne pouvait, en effet, prendre naissance, qu'à une époque où règne déjà une certaine égalité dans la condition juridique des époux. Or, la femme n'a pas encore conquis l'indépendance à laquelle elle arrivera par la suite ; *alieni juris*, elle se trouve sous la puissance de son père ou de son mari, *sui juris* elle reste perpétuellement soumise à la tutelle de ses agnats ou de son patron s'il s'agit d'une affranchie ; quel que soit son âge, elle demeure toujours sous la dépendance de quelqu'un.

Section II. — Mariage sans conventio in manum mariti. — Absence de droit successoral entre époux. — Désuétude de la manus.

Le mariage avait-il été contracté sans *manus* ? les intérêts des époux restaient séparés ; la femme bien que mariée demeurait dans sa famille d'origine. Elle ne subit plus de *capitis deminutio; filia familias*, elle reste sous la *patria potestas* du chef de famille qui est le plus souvent son père ; *sui juris*, elle reste soumise à la tutelle de ses agnats. L'époux peut avoir certains pouvoirs sur la personne de sa femme, mais aucun sur ses biens ;

ceux-ci restent toujours dans le même patrimoine, soumis à la même administration. Or, si aucun lien de puissance ne rattache les époux l'un à l'autre, aucun droit successoral ne peut exister entre eux, car pendant longtemps à Rome les droits de succession *ab intestat* ne découlèrent que des liens civils d'agnation.

Si le mariage accompagné de *conventio in manum mariti*, doit être considéré comme le plus ancien, il n'en est pas moins vrai que le mariage sans *manus*, qu'on désigne souvent sous le nom de *mariage libre*, fut admis de bonne heure par les Romains. Au dire de Gaius, il était déjà connu au moment où fut rédigée la loi des XII tables. Rare au début, il s'introduisit ensuite peu à peu dans les mœurs romaines. C'est qu'en effet l'antique institution de la *manus*, en donnant au mari la propriété des biens de la femme, les faisait sortir définitivement de la famille de celle-ci, et se trouvait ainsi, comme on l'a fait remarquer, en opposition avec le grand principe, non moins séculaire, de la conservation des biens dans la même famille. Nous savons que par l'effet de la *conventio in manum*, la femme n'avait plus d'autre famille, d'autres agnats, d'autres héritiers que son mari ou les parents de son mari. Or, tout lien civil de l'époux avec son ancienne famille étant rompu, disparaissàient également les droits de ses agnats à sa tutelle et à sa succession. Il est donc facile de comprendre combien ces agnats, tuteurs de la femme, devraient être peu portés à consentir à un mariage qui les dépouillait de tous leurs droits. Non seulement l'intérêt personnel les engageait à opposer leur refus à une union produisant de semblables conséquences, c'était aussi un devoir pour eux, gardiens des intérêts de la famille, d'empêcher que le patrimoine de leurs ancêtres ne passât à des étrangers.

C'est pourquoi, dans un but d'intérêt général, l'on fut amené peu à peu à séparer le mariage et la *manus*, qui primitivement avaient paru inséparables. Dorénavant les tuteurs furent libres de s'opposer au mariage avec *manus,* mais pour le *mariage libre,* leur consentement ne fut plus nécessaire. Cette dernière sorte d'union devait donc devenir plus fréquente à mesure que la *manus* peu à peu s'affaiblissait.

Ainsi la *Manus*, après avoir dominé pendant les premiers siècles de Rome, perdait peu à peu du terrain ; de général qu'elle était, elle ne devint plus qu'une exception. En même temps l'autorité du *pater familias* s'était affaiblie de son côté et disparaissait ainsi l'unité primitive de la famille romaine à mesure que les membres qui la composaient détachaient leur personnalité et tendaient à s'affranchir ou tout au moins à recouvrer une certaine indépendance.

Enfin le divorce et la dot vinrent contribuer à hâter la désuétude de la *manus*.

En effet, tant que les mœurs romaines conservèrent leur sévérité primitive, le divorce, quoique possible, en fait resta à l'état de droit abstrait et descendit pas dans le domaine de la pratique. Mais dès la fin de la République il devint fréquent. Sans emporter de plein droit dissolution de la *Manus*, il obligeait légalement le mari à la dissoudre. C'est pourquoi la multiplicité des divorces, conséquence du relâchement qui s'était introduit dans les mariages romains, ne devait pas peu contribuer à accélérer la disparition de la *Manus*.

La tutelle des femmes se transformait également; établie dans l'intérêt des tuteurs et de la famille, elle fut ensuite subordonnée aux intérêts de la femme ; étant d'abord un droit pour eux, elle devint une charge, ce qui nécessairement devait amener sa ruine. La désuétude de la tutelle des agnats sur les femmes libres devait rendre la *manus* plus dure à supporter pour les autres ; toutes voulurent être libres et, en présence de grand développement de la fortune des femmes, les maris acceptaient de renoncer aux droits que conférait la *manus*, en échange de dots considérables. Aussi voyait-on cette nouvelle institution de la dot se développer à mesure que l'autre perdait du terrain.

C'est à l'avarice des maris et à ce relâchement des mœurs que font allusion les poètes de l'époque [1].

Plaute, asinaria, (act. I, sc. i, v, 72).
id   Aulularia, iv, 5, 60.
« Argentum accepi, dote imperium dendedi »
« Nam quæ indotate est, ea in potestati est viri ;
« Dotatæ mactant et malo et damno viros. »

1. V, aussi Martial, viii, 12.
« Uxorum quare locupletem ducere nolien
« Quæritis ? — Uxori nubere volo meœ. »
Horace parlant des gètes pour en opposer aux Romains s'écrie : Odes, iii, 24, 17.
« Hic matre curentibus
« Privignis mulier temporat innocens,
« Nec dotata regit virum
« Conjux, nec nitido fidit adultero. »

CHAPITRE II

2e PÉRIODE. — DROIT PRÉTORIEN

Nous avons vu qu'à la fin de la période précédente, la *Manus* tendait de plus en plus à disparaître, tandis que le *mariage libre* triomphait et constituait la grande généralité des mariages romains. Or, dans cette union, aucun droit de succession *ab intestat* ne peut exister entre les époux, ceux-ci n'étant unis par aucun lien civil d'agnation. Cette conséquence du défaut de lien entre le mari et la femme était logique, mais elle était dure et contraire aux principes du droit naturel et de l'équité que s'efforçait de faire triompher le Préteur. A ce titre, elle méritait donc d'appeler son attention.

Ce que le *jus civile* n'avait pu faire pour créer un droit héréditaire entre conjoints dans le mariage libre, le Préteur l'accomplira par la *Bonorum possessio*, le moyen le plus hardi, de tous ceux par lesquels il arrive à compléter d'abord, puis à améliorer et même corriger le droit civil [1].

---

[1]. *Institutes* Lib. III, tit. IX; « *Jus bonorum possessionis introductum est a prœctore emendendi veteris juris gratia.*

Des droits successoraux ne pouvaient être octroyés à l'époux survivant par le *jus civile,* la parenté civile étant le fondement du droit de succession *ab intestat* et tout lien de parenté civile ayant disparu entre les époux du jour de la disparition de la *manus.*

Mais si le survivant ne peut être gratifié que d'un droit de succession prétorienne, ce droit est fondé sur le lieu même du mariage qui pour la première fois est posé comme fondement d'un droit successoral entre époux. Désormais, plus de distinction entre l'homme et la femme ; il s'agit bien d'un véritable droit de succession réciproque.

Section I. — De la bonorum possessio unde vir et uxor.

Puisque le Préteur ne pouvait déclarer le *vir* et *l'uxor* héritiers du droit civil « *nam prætor heredes facere non potest.* » Gaius III § 32, il arrivera indirectement au même résultat en mettant *loco heredis* ceux qu'il veut appeler à l'hérédité. C'est ce qu'il a fait pour le mari et la femme.

On ne peut déterminer d'une façon précise l'époque à laquelle la *bonorum possessio unde vir et uxor* s'introduisit dans l'édit prétorien ; mais il est probable qu'elle apparut peu de temps après l'organisation des autres *bonorum possessiones,* si

même elle ne l'accompagna. Il faut donc le placer
à la fin de la République, époque où la *manus*
disparaissant, le mariage libre qui dominait devait
rendre plus utile une semblable innovation.

Cette *bonorum possessio* n'était octroyée qu'à
ceux qui pouvaient invoquer l'état de *vir* ou
d'*uxor*. Cela résulte de la loi unique, pr. D. *unde
vir et uxor* xxxviii, 11, dans laquelle nous lisons :
« *ut bonorum possessio peti possit unde vir et uxor,
justum esse matrimonium oportet.*

De ce texte, il est permis de conclure que le mariage du droit des gens [1] ne donna jamais droit à
la *bonorum possessio unde vir et uxor*, puisque,
pour l'obtenir, il fallait pouvoir invoquer un *justum
matrimonium*.

En ce qui concerne le *concubinatus*, il est non
moins certain qu'il ne dût jamais entraîner avec
lui la *bonorum possessio*. Jamais, en effet, les con-
cubins n'eurent droit aux titres vénérés de *vir* et
d'*uxor*. Ceux-là même qui soutiennent que le
concubinat romain n'est pas le concubinage moderne, que cette union n'est pas un simple fait,
mais au contraire a été élevé au rang d'institution
légale par les empereurs, ne réclament pas la qua-

1. Du reste cette sorte d'union perdit beaucoup de son importance
à partir de la constitution de Caracalla qui octroya le droit de cité à
tous les habitants de l'empire.

lification de *vir* et d'*uxor* pour l'homme et la femme qui vivent dans de tels liens. Le titre nécessaire pour pouvoir invoquer cette *bonorum possessio* faisait donc ici défaut.

Pour prétendre à la *bonorum possessio unde vir et uxor*, non seulement l'époux devait avoir survécu à son conjoint, il fallait que le mariage existât encore au moment du décès. Le divorce faisait donc tomber le droit à la succession même s'il avait eu lieu *bona gratia*, ou par la faute du prémourant. D'après M. Boissonade [1], il y avait toutefois un cas curieux à observer où le divorce avait eu lieu et où pourtant le mariage semblait durer, au moins en ce sens que l'un des époux ne recouvrait pas sa liberté : c'était celui où une affranchie divorçait d'avec son patron, *invito eo* ; dans ce cas, quoiqu'elle fût encore *uxor*, comme elle l'était en quelque sorte malgré elle et sans en mériter les droits, elle n'avait pas droit aux biens de son mari. — Mais cette hypothèse particulière n'est-elle pas plutôt l'application du principe général que le divorce, faisant disparaître les titres de *vir* et d'*uxor*, empêche le survivant de venir à la succession du prédécédé? Si dans le cas présent, il est défendu à la femme de se remarier, cette interdiction est plutôt une peine qui n'empêche pas

1. Boissonade, p. 70.

le mariage d'avoir été dissous et en conséquence les titres d'*uxor* et de *vir* anéantis.

La solution était la même, en cas de divorce irrégulier d'après la loi Julia *de adulteris*[1].

Il n'y a pas lieu d'étudier ici les effets de la *bonorum possessio ;* les règles qui sont communes à toutes les *bonorum possessiones* s'appliquent également à celle qui nous occupe. Qu'il nous suffise de rappeler que la *bonorum possessio* ne peut donner l'hérédité, mais que la personne à qui elle est octroyée est protégée par l'interdit *quorum bonorum* et la *petitio hereditatis possessoria*.

Section II. — Rang de la bonorum possessio unde vir et uxor.

Recherchons maintenant quel était le rang attribué à la *bonorum possessio unde vir et uxor*.

Voici l'ordre général assigné par les *Institutes* de Justinien aux *bonorum possessiones*.

1° *Bonorum possessio unde liberi.* 2° *unde legitimi.* 3° *unde decem personæ.* 4° *unde cognati.* 5° *tum quem ex familia.* 6° *unde partoni patrona, liberique et parentes patroni patronæve.* 7° *unde vir et uxor.* 8° *unde cognati manumissoris.*

___

1. L. II, pr., D., De divort. et repud. (**xxiv**, 2) ; L. I, D. *De concubinis* (**xxvi**, 7).

Le conjoint survivant était donc précédé suivant la qualité du défunt par un nombre plus ou moins grand de *possessions de biens*. A ce point de vue, il faut distinguer s'il s'agit de la succession d'un ingénu ou d'un affranchi.

1ᵉʳ *Cas. Succession d'un ingénu.* — Distinguons encore comment cet ingénu est devenu *sui juris*.

1° L'est-il devenu sans émancipation ou avec émancipation *contracta fiducia*, alors la possession du conjoint survivant est la quatrième dans l'ordre suivant : 1° *unde liberi.* 2° *unde legitimi* (c'est-à-dire *agnati vel parens manumissor*). 3° *unde cognati.* 4° *unde vir et uxor.*

2° Le défunt a-t-il été émancipé sous fiducie et par conséquent sous *manumissor extraneus*, alors la possession de l'époux survivant n'était que la cinquième dans l'ordre suivant : 1° *unde liberi,* 2° *unde decem personæ* (dix membres de la famille naturelle). 3° *unde legitimi.* 4° *unde cognati.* 5° *unde vir et uxor.*

2ᵉ *Cas. Succession d'un affranchi.* — Distinguons encore si l'affranchissement procède d'un ingénu ou d'un affranchi.

1° Dans la première hypothèse, le conjoint survivant est appelé après les possessions suivantes : 3° *unde liberi.* 2° *unde legitimi* (au profit du patron et de ses enfants). 3° *tum quem ex familia*

(au profit des agnats du patron). Le conjoint venait donc au quatrième rang.

2° Dans la seconde hypothèse, c'est aussi au
quatrième rang que le conjoint survivant est appelé, mais dans l'ordre suivant : 1° *unde liberi.*
2° *unde legitimi.* 3° *unde patronus patrona liberique et parentes patroni patronæve* (c'est-à-dire
après le patron du patron, les enfants de celui-ci
et ses descendants.

L'on peut donc se rendre compte que si le conjoint survivant est appelé par le Préteur à succéder à l'époux prédécédé, sa place est bien peu favorable puisqu'il ne prime que deux ordres d'héritiers : les cognats du *manumissor* et le fisc.

La dernière partie de notre proposition n'est-
elle même pas contredite par une constitution
d'Antonin Caracalla insérée au Code de Justinien.
Code L. 1° *De donat. int. vir. et uxor.* Liv. v.
tit. xvi *Imp. Antoninus A, Triphenæ. Bona quon-
dam mariti tui fiscus, si nemine ei successore
existente ut vacantia occupaverit : donationes ab
eo factæ, si usque ad finem vitæ in eadem volunta-
te permansit, revocari non possunt.*

Ce texte suppose le fisc possesseur de biens à
défaut d'autres héritiers et justement obligé d'exé-
cuter une donation faite par le défunt à sa veuve.
Ne devrait-on pas conclure de là, qu'à cette épo-

que tout au moins, l'époux au lieu de primer le
fisc était au contraire primé par lui. Cette difficulté disparaît cependant, en supposant, avec
Pothier, que l'époux avait refusé ou omis de demander la *bonorum possessio*. Cette conjecture est
du reste confirmée par les mots : *si fiscus vacantia
bona occupaverit*. D'ailleurs, si l'époux n'avait
pas primé le fisc, on ne voit pas quand il aurait
pu succéder ; car le fisc ne faisait jamais défaut,
et on ne comprendrait guère qu'il refusât, puisqu'il n'était pas à Rome plus que chez nous, tenu
des dettes au-delà des forces de la succession.

Concluons donc que l'époux survivant primait
bien réellement le fisc.

Cette solution est d'autant plus certaine qu'à
une époque reculée et en vertu d'une constitution
qui nous est inconnue, l'époux paraît même avoir
été admis à primer certains parents du défunt.
C'est ce qui résulte d'une constitution des empereurs Théodose II et Valentinien III, insérée au
Code Théodosien [1] et reproduite au Code de Justinien [2].

---

1. Code Théodosien (L. 9. De leg. et hered., v, 1). « *Corpus juris ro-
mani ante justiniani de Hœnal*, p. 451 ». *Pridem latæ constitutionis
pars quædam atroganda est.....*

2. Code de Justinien (L. un., C. *nude vir et uxor* vi, 18) « *maritus
et uxor ab intestato invicem sibi in solidum pro antiquo jure succe-*

Cette constitution en abroge formellement une autre plus ancienne que nous ne connaissons pas et qui préférait l'époux à certains cognats ; désormais les conjoints ne pourront plus exclure que le fisc. Les empereurs font observer à ce sujet que si les époux ont une grande affection l'un pour l'autre « l'occasion de tester n'est pas si coûteuse, ni si difficile qu'il faille différer leur désir[1]. »

---

dant, quoties deficit omnis parentum, liberorumve, seu propinquorum legitima vel naturalis successio, fisco excluso.»

1. Code Théodosien, id. *« Cum, si sanctitas intereos sit digna fœdere conjugali, non ita laboriosa vel sumptuosa est testandi occasio, ut desiderio suo quisquum subvenire differat....»*

CHAPITRE III

3ᵉ PÉRIODE. — DU DROIT SUCCESSORAL ENTRE ÉPOUX DANS LE BAS-EMPIRE

Section I. — 1° Avant Justinien.

Le droit de succession entre époux, tel qu'il avait été reconnu par le Préteur et sanctionné par lui au moyen de la *bonorum possessio unde vir et uxor*, ne parvint pas au Bas-Empire sans subir certaines modifications et éprouver quelques vicissitudes, qui malheureusement ne nous sont connues que d'une façon bien incomplète.

La constitution de Théodose II et Valentinien III, citée précédemment, vint reléguer l'époux après tous les parents du défunt, ne lui permettant de ne primer que le fisc [1].

Or, s'il a fallu une disposition législative pour placer le conjoint survivant au dernier rang de l'ordre successoral après tous les cognats, c'est

---

1. Voici l'*interprétation* de la constitution. *Hæc lex id constituit, ut omnes propinqui uxorem ab intestati mariti successione prohibeant et maritum similiter a successione intestatæ uxoris excludant. Sed si propinqui omnino defuerint, tunc sibi invicem, excluso fisco, maritus vel uxor succedant.*

qu'apparemment durant un laps de temps impossible du reste à déterminer, ce conjoint devait au contraire être préféré à certains de ces cognats. Cette conclusion ne peut être mise en doute, mais quels étaient les parents qui furent ainsi, pendant une certaine période, relégués après le conjoint? A cette question, il serait difficile de répondre, tout texte faisant défaut à cet égard. Toutefois ce ne sera pas trop nous avancer en supposant que cette réforme momentanée, cette situation privilégiée en quelque sorte créée en faveur du conjoint survivant dût s'inspirer des idées chrétiennes ; en conséquence on peut présumer avec vraisemblance qu'elle a été introduite par un des successeurs de Constantin et ne peut remonter en tous cas au-delà du règne de cet empereur.

Vouloir aller plus loin serait téméraire ; car on ne pourrait que se lancer dans le domaine des suppositions et des conjectures.

Notons simplement un passage de la constitution qui paraît en dégager l'esprit «...*cum, si sanctitas inter eos sit digna fœdere conjugali, non ita laboriosa vel sumptuosa est testandi occasio, ut desiderio suo quisquam subvenire differat...*» Les empereurs ne paraissent-ils pas ainsi justifier la disposition défavorable qu'ils prennent à l'égard du conjoint survivant, en le reléguant après tous les cognats du *de cujus?* L'époux n'avait qu'à prendre des dispositions testamentaires pour s'assurer l'avenir de son conjoint et lui prouver son affection ; il ne l'a pas fait, la loi n'a pas à remplir cet office.

Section II. — Réformes de Justinien.

§ 1er. — *Avant les Novelles.*

Le droit successoral entre époux va se trouver modifié indirectement par Justinien avant que l'empereur chrétien s'en occupe d'une façon spéciale dans ses Novelles pour le réglementer à nouveau. Ces modifications résultèrent des réformes qui furent opérées dans la succession des affranchis et l'émancipation des enfants.

En effet, Justinien assimila presque complètement les successions des affranchis à celle des ingénus [1]. D'autre part, il sous-entend le contrat de *fiducie* dans toute émancipation, ce qui fait disparaître le personnage du *manumissor extraneus* [2].

De ces deux réformes, il résulte la suppression du *bonorum possessiones : unde decem personæ,*

1. Instit. iii, 7, § 3, « *pene enim consonantia jura ingenuitatis et libertinitatis in successionibus fecimus.* » et L. 4, § 11, C., de bonis, Lib. VI, 4.

2. Instit. iii, 10, § 4, et L. 6, C. De emane. lib. VIII, 4-9.

*unde patronus patronaque, tum quem ex familia
et unde cognati manumissoris* [1].

On peut donc dire qu'avant la législation des
Novelles, l'ordre des *bonorum possessiones* est établi sous Justinien de la façon suivante : *1° unde
liberi. 2° unde legitimi. 3° unde cognati. 4° unde
vir et uxor.*

De telle sorte que, si l'époux est encore relégué à la dernière place des possesseurs de biens,
il se trouve toujours au moins au quatrième rang
et dans une position beaucoup meilleure qu'auparavant, par suite de l'exclusion de nombreux successeurs qui ne se rattachaient au défunt que par
un patronage fictif (le *manumissor extraneus* et
ses cognats) ou par un patronage trop indirect (celui des parents du patron et des patrons du patron.)

§ 2. — *Novelles de Justinien.*

Il faut arriver aux Novelles 53 et 117 pour trouver la véritable réforme de Justinien sur la matière qui nous occupe. En y ajoutant les célèbres
Novelles 118 et 127, l'on aurait ainsi le dernier
mot de la législation antique sur le droit de succession *ab intestat.*

1. Instit. III, 10, § 4, 5, 6, de bonor. poss. III, 9, et L. 4, § 11. C. VI.
De bonis libert.

En 537, la onzième année de son règne, Justinien, par la Novelle LIII. Tit. VIII Chapitre VI[1], établit qu'à l'avenir la femme pauvre (*inops*) et non dotée, (*indotata*) à laquelle il n'a été fait aucune donation *propter nuptias*, prendra dans la succession du mari fortuné (*locuples*) qui l'a précédé dans la tombe, un quart de tous les biens, même en face d'enfants et quel qu'en soit le nombre.

La veuve est donc appelée à la succession conjointement avec les enfants. Toutefois le texte ajoute que si le mari a laissé un legs à la femme et que ce legs soit inférieur au quart de l'hérédité, il faudra le compléter (*si tamen legatum aliquod relequerit ei vir minus quarta parte, compleri hoc*). Donc si le legs était équivalent à ce quart, la veuve ne pouvait rien prétendre de plus.

Comme il le dit lui-même, l'Empereur a été touché de la situation des femmes pauvres qui se marient sans dot ; il veut les secourir et vient pourvoir à leur subsistance dans la pensée d'empêcher, qu'après avoir partagé l'aisance de ce-

---

1. Ce chapitre vi est intitulé : *De muliere inope indotata.* — L'abrégé de ce chapitre a été inséré au code de Justinien (C. Liv. **V**, tit. XVIII) à la suite de la constitution des empereurs Théodose II et Valentinien III, dont nous parlions plus haut ; c'est la célèbre *authentique Prœterea* qui est l'œuvre des glossateurs de Bologne et que les anciens auteurs notamment Lebrun attribuent à Irnérius lui-même.

lui à qui elles avaient lié leur destinée, elles ne se trouvassent tout à coup réduites à la misère au décès de leur mari, toutes les fois que celui-ci n'a pas songé on n'a pas eu le temps de prendre, en leur faveur, des dispositions testamentaires.

Cette heureuse réforme inspirée par l'esprit de charité de l'empereur chrétien était en même temps déclarée applicable au mari aussi bien qu'à la femme, quand, au prédécès de celle-ci, l'époux veuf restait dans le besoin.

Justinien constate lui-même qu'en statuant ainsi, il ne fait qu'étendre une décision rendue auparavant en faveur du conjoint répudié sans cause.

En effet, la loi 11 § 1 : Cod. De repud. v, 17, après avoir prescrit que l'homme qui épouse une femme sans dot ne peut la répudier que pour une des causes reconnues par la loi, établit comme sanction à cette règle que le mari, s'il répudie sa femme sans cause ou s'il s'est mis dans un des cas de divorce prévus par la loi (*vel ipse talem culpam contra innocentem mulierem commiserit*) devra laisser à la femme le quart de ses biens.

Mais le droit de succession tout en étant en principe, une quarte ne pourra jamais dépasser cent livres d'or ; par conséquent si la fortune du mari dépassait quatre cents livres, la part de la femme ne serait donc plus une quarte à proprement parler ; cent livres d'or étaient donc considérées comme un maximum.

La loi termine en ajoutant que les mêmes dispositions s'appliquent à l'encontre des femmes non dotées (*quæ indotatæ constitutæ*) qui ont répudié leur mari sans cause légitime (*si sine culpæ mariti, constitutionibus cognita eos repudiaverint*), ou qui ont fourni elles-mêmes à leur mari des causes de divorce (*vel ipse culpam innocenti marito præbuerint*) ; le texte ajoute « *ut ex utraque parte æquo lance, et æquitas et pœna servetur.* »

La Novelle XXII commence par reproduire à peu près les mêmes dispositions.

Le chapitre XVIII[1] attribue au conjoint répudié sans cause le quart des biens de l'autre conjoint en reproduisant la même distinction que précédemment. En d'autres termes si les biens du mari s'élèvent à quatre cents livres d'or, la femme recueillera cent livres, ce qui fait bien le quart ; si la fortune du mari est moindre, la femme aura encore le quart. Mais si au contraire ladite for-

---

1. Ce chapitre est intitulé : *De nuptiis sine dotalibus instrumentio contractis.*

tune dépasse quatre cents, le bénéficiaire ne pourra obtenir plus de cent livres d'or.

L'empereur termine en disant « *ad maximam namque plerumque respicientes dotem, legem hanc scripsimus : substantiam illam merito secundum nostras leges existimantes esse, quæ pura debitis videatur.* »

Mais aux termes du chapitre XXX[1], s'il y a des enfants, l'époux devra leur conserver tous les gains provenants du mariage dissous ; il devra donc leur conserver le quart pour qu'ils puissent le retrouver au moment de sa mort.

L'année 542, la Novelle CXVII, chapitre V[2], venait modifier en dernier lieu les dispositions précédentes. L'Empereur rappelle d'abord qu'il a antérieurement rendu une décision d'après laquelle celui qui épouse une femme sans dot « *cum affectu solum nuptiali.* » et la répudie ensuite *sive* « *causa legibus agnata* » doit lui abandonner le quart de sa propre fortune. Il ajoute que, il a encore édicté postérieurement, que la femme épousée sans dot et qui a passé toute sa vie avec son époux (*et usque ad mortem cum eo vivens*) avait

---

1. Ce chapitre est intitulé : *Ut quomodo per divortium salutum sit matrimonium lucra omnia primi matrimonii serventur filiis illius matrimonii.*

2. Ce chapitre est intitulé : *Ut cum matrimonium est sine dotes et conjux superstes inops, mortui quartam partem accipiat.*

droit également au quart de la fortune du mari prédécédé, pourvu toutefois que ce quart n'excédât pas la valeur de cent livres d'or.

C'est alors, qu'après s'être ainsi résumé et statuant à nouveau « *in præsenti melius utramque legem disponentes* » Justinien décide qu'à l'avenir « *in utroque casu,* » c'est-à-dire dans le cas de répudiation sans cause et de prédécès du mari, la femme recevra encore le quart de la fortune de son mari, si celui-ci ne laisse que trois enfants nés d'elle ou d'un précédent mariage (*siquidem usque ad tres habuerit filios ejus vir sive ex ea, sive ex alio matrimonio*), mais que s'il y a un plus grand nombre d'enfants, la femme ne recevra plus qu'une part virile et non plus une quarte. Toutefois la femme n'aura que le simple usage de la portion de biens qu'elle recevra, la propriété devant en être conservée aux enfants qu'elle a eus de ce mariage (*...ita quippe, est usum solum in talibus rebus mulier habeat: dominium autem illis filiis servetur, quos ex ipsis nuptiis habuerit*).

Dans le cas où il ne reste pas d'enfants du mariage, la femme aura la propriété de sa quarte.

Enfin Justinien termine le chapitre V de cette Novelle par une disposition importante stipulant que la quarte, aussi bien en cas de divorce qu'en cas de prédécès du conjoint, n'appartiendra dorénavant qu'à la femme. Il ne s'agit plus d'un droit réciproque dont le mari pouvait profiter aussi bien que la femme, en vertu des rescrits précédents. Ceci constitue une grave innovation de la Novelle 117.

Telle est la quarte de la veuve pauvre et non dotée, car d'après la disposition finale de la Novelle précédente, il serait inexact de qualifier le droit dont nous parlons de quarte du conjoint pauvre.

Arrêtons-nous un instant sur ce droit de la veuve pour en examiner la quotité, puis les conditions d'acquisition, et rechercher surtout en dernier lieu quelle en est la nature exacte.

1° Le droit de la veuve, aux termes du chapitre V de la novelle CXVII est normalement du quart; mais si le mari prémourant laisse plus de trois enfants issus de ce mariage ou d'un mariage précédent, la veuve n'aura plus droit qu'à une part virile [1].

Si le mari est mort sans laisser de descendants, le droit de la veuve sera toujours une quarte quel que soit d'ailleurs le nombre des parents qui viennent concourir avec elle. Mais alors la veuve re-

[1]. La femme était donc intéressée à ne pas avoir plus de trois enfants.

cueillera sa quarte en pleine propriété et non pas seulement en usufruit comme dans le cas où elle concourt avec des enfants.

2° Plusieurs conditions étaient nécessaires pour que la veuve pût prétendre à la quarte. Pour la femme, il fallait qu'elle fût pauvre (*inops*) et qu'elle n'eût reçu ni dot ni donation *ante nuptias*. Quant au mari prédécédé, il fallait qu'il fût riche (*locuples*) à sa mort (*moriens*). L'empereur ne s'explique pas sur la question de savoir ce qu'il entend par richesse et pauvreté ; en présence de ce silence il est naturel de penser que c'était une question de fait soumise, en cas de contestation, à l'appréciation du juge qui devait prendre en considération pour la trancher la position sociale des époux.

Non seulement il fallait que la femme fût *inops*, elle devait être aussi *indotata*. Il suffirait donc qu'une dot, quelle qu'en fût la valeur, eût été constituée à la femme au moment du mariage, pour que le droit à la quarte ne pût prendre naissance. On ne se place donc pas seulement en face de la position pécuniaire de la femme au décès du mari, on considère également sa situation au moment de la célébration du mariage. Ne serait-il pas plus naturel de s'attacher exclusivement à la situation pécuniaire actuelle de la femme ? cela est possible, mais le texte est formel et exige que la femme pour pouvoir prétendre à la quarte, n'ait pas été dotée.

Justinien ne vient donc au secours de la veuve dans le cas seulement où il n'a pas été pourvu aux besoins de la femme et au moment du mariage.

En prenant la quarte, la veuve est-elle obligée de rapporter son propre patrimoine ? La solution contraire semble résulter des termes de la Novelle 117. «... *accipere similitur et eam quartam illius substantiæ pecuniam,* » nous montrant que la femme obtient sa part sur le patrimoine du mari et non pas sur ce patrimoine réuni au sien propre. Cette opinion reçoit encore confirmation de la Novelle 53 qui laisse à la femme toutes ses actions en reprise de ses propres placés soit dans la maison de son mari, soit ailleurs. « *Si vero quasdam res proprias mulier in domo viri aut alibi repositas habuit, harum actionem et retentionem habeat omnibus modis imminutam.* »

3° Relativement à la nature du droit de la veuve, nous avons déjà dit que cette quarte (part virile seulement s'il y a plus de trois enfants) consiste en un droit d'usufruit en présence d'enfants et en un droit de propriété en présence d'autres parents.

Voici en effet les termes mêmes de la Novelle

CXVII Chap. V «... *ita quippe, ut usum solum in talibus rebus mulier habeat : dominium autem illis filiis servetur, quos ex ipsis nuptiis habuerit. Si vero talis mulier filios ex eo non habuerit jubemus etiam dominii jure habere eam res, quas ex viri facultatibus ad eam venire per præsentem jussimus legem.* »

Quand on s'attache au sens qui déroule de l'interprétation littérale de ce texte, il semble bien que le droit de la veuve est un véritable droit d'usufruit et pas autre chose. *Usum solum* ne s'oppose-t-il pas en effet à *dominium ?*

Cette doctrine admise autrefois par l'unanimité des auteurs, a pourtant été très vivement combattue en Allemagne, du moins pendant un certain temps. De savants romanistes à la tête desquels se trouvait Lehr [1] ont soutenu que le droit de la mère sur la part qu'elle doit conserver à ses enfants est plus qu'un droit d'usufruit.

Pour défendre un tel système on invoque un rescrit des Empereurs Théodore et Valentinien (loi 8 § 7 c. de repud.) duquel il résulte que tout ce que l'époux injustement répudié gagne au divorce doit être conservé aux enfants nés du mariage dissous,

---

1. *Magazin*, III, p. 359. — *Ziv. arch.* XXII, p. 1. — *Heidel* Jahrb. p. 766. — Hunger, *das rœmische Erbrecht* p. 430 ; Wening. *Lehrb.*, § 434 ; Schweppe, *Handbuch.* V. 973.

sans pouvoir être aliéné ni hypothèqué. C'est cette décision qui aurait servi de modèle à Justinien et qui aurait été étendue par lui en faveur de la femme pauvre et non dotée ; c'est à elle que se réfère expressément la Novelle LIII chap. VI. — La Novelle CXVIII, chap. V ne faisant que reproduire une disposition législative déjà donnée par les lois qui précèdent, doit logiquement s'expliquer par elles. Or, la loi 8 § 7 c. de repud. qui a servi de modèle à Justinien décidant que la mère injustement répudiée peut tester sur la portion qu'elle a prise dans les biens de son mari et la laisser au gré de ses désirs, soit à l'un quelconque de ses enfants, soit à plusieurs, soit à tous, il faut de toute évidence en décider de même dans le cas de la Novelle 117, c'est-à-dire accorder le même droit à la veuve pauvre et non dotée.

S'il en est ainsi, le droit de la veuve est plus fort qu'un droit d'usufruit, puisque pendant toute sa vie, elle peut disposer de sa part en faveur de l'un quelconque de ses enfants, ce qu'elle ne pourrait certainement pas faire si ceux-ci avaient bien en réalité la nue propriété de cette part. Les enfants n'ont par conséquent qu'un droit futur et incertain ; si leur mère doit leur conserver sa part, elle peut la répartir entre eux comme elle l'entend ; si l'un deux vient à mourir, il meurt sans avoir acquis aucun droit à la part de la mère et ses héritiers ne trouveront dans sa succession aucun droit à cette part. Or, il en serait sans conteste autrement si la mère avait un simple usufruit et les enfants la nue propriété. Un de ces enfants meurt-il? la seule obligation de la mère sera de conserver sa part aux survivants dont chacun aura ainsi une portion plus forte. Enfin tous les enfants viennent-ils à mourir avant la mère? le droit de celle-ci sur sa portion devient absolument libre et illimité. — Ce n'est donc pas un droit d'usufruit qu'a la veuve, mais un droit de propriété. Il est vrai que ce droit de propriété est restreint s'il y a des enfants, mais il n'en subsiste pas moins et ne saurait être assimilé à un droit d'usufruit.

Tout en rendant hommage à la science historique de cette doctrine, il est toutefois permis de n'en pas adopter les conclusions.

Et d'abord une réflexion première s'impose naturellement à l'esprit. Comment admettre que l'Empereur, s'il avait eu réellement l'intention d'accorder à la veuve le droit si important qu'on s'efforce de lui attribuer, se fût contenté de sous-entendre une pareille disposition, en laissant le soin aux commentateurs de la découvrir par induction et par voie de comparaison avec des lois précédentes? Quand Justinien édicte une disposition nouvelle, a-t-il donc pour habitude de nous la faire connaître par voie de prétérition ? Ne lui a-t-on reproché au contraire de s'écarter souvent de la concision qui est une des qualités premières pour toute œuvre législative et de s'étendre parfois avec trop de complaisance et de prolixité sur les innovations qu'il introduit.

Pour nous, il est évident que si l'Empereur, en attribuant à la veuve (ainsi qu'à la femme répudiée sans cause) un droit d'usufruit, avait eu l'intention de lui conférer la faculté exorbitante de disposer néanmoins de la pleine propriété au profit de ses enfants, il nous l'aurait certainement fait connaître par une disposition formelle de son rescrit.

Enfin il nous semble que le texte «... *ut usum solum habeat, dominium autem illis filiis servetur* » est clair et précis et qu'il faut le torturer pour lui faire dire avec Lehr : la femme est propriétaire, mais elle est obligée de conserver cette propriété pour ses enfants. *Dominium* s'oppose ici à *usum solum* et signifie simplement que la propriété des enfants doit demeurer intacte.

Au surplus, la doctrine que nous combattons est généralement repoussée aujourd'hui et a été abandonnée par son promoteur lui-même [1].

1. Lehr. *Archiv. fûr civilistiche Praxis,* xxii, p. 1. — Roszhirt

Quel seront maintenant les droits de la veuve quand celle-ci concourt à la fois avec des enfants communs et d'autres enfants issus d'un mariage précédent de son mari ? Quoique plusieurs systèmes aient été soutenu à cet égard[1], la question selon nous ne peut être douteuse en présence du texte précis et formel de la Novelle 117. Le principe qui se dégage du chapitre V est que la veuve (ainsi que, bien entendu, la femme répudiée sans cause) a simplement un droit d'usufruit dans le cas le plus ordinaire ; ce n'est que dans l'hypothèse contraire qu'elle peut prétendre au droit dé propriété. Il suffira donc de la présence d'un seul de ces enfants pour que le droit de la veuve ne soit qu'un simple usufruit. Or, à qui sera attribué la propriété ou plutôt la nue propriété de la part d'usufruit dévolue à la veuve ? C'est à cette question que la Novelle répond en ces termes «... *dominium autem illis filiis servetur, quos ex ipsis nuptiis habuerit.* » Ce texte n'est-il pas précis pour indiquer que c'est exclusivement à ses propres enfants que la veuve doit conserver la nue propriété de sa part d'usufruit ? Il nous est donc impossible de mettre sur la même ligne et les en-

cit. p. 193. — Mühlenbruch § 627. — Puchta § 456. — Brinz, *Lehrbuch*, § 190.

1. La thèse que nous citons plus loin de M. Morillot, p. 204.

fants communs et les enfants nés d'un précédent mariage du mari. Pour nous, ces derniers concourent bien à influencer, c'est-à-dire diminuer la quotité du droit de la veuve ainsi que le décide formellement la Novelle, mais ils n'ont rien à prétendre sur la part de celle-ci, dont la propriété est exclusivement destinée aux enfants communs.

Le droit de la veuve est généralement du quart du bien du mari sans que cette part puisse jamais excéder cent livres d'or. Mais peu importe que ce soit à titre de légataire ou de donataire que la femme reçoive cette part ; pourvu qu'elle la reçoive, la loi est satisfaite. Mais, n'a-t-elle rien reçu où la part dont elle a été gratifiée est-elle inférieure au quart ? elle pourra réclamer la quarte dans le premier cas et le complément dans le second (*si tamen legatum aliquod reliquerit ei vir minus quarta parte, compleri hoc.*) La femme doit donc imputer sur sa quarte les dispositions *mortis causa* dont elle a pu être gratifiée et même, semble-t-il, toutes les donations entre vifs à elle faites par son mari, puisque ces donations ne sont confirmées que par le prédécès de l'époux.

L'on se trouve donc bien en présence d'une véritable succession *ab intestat* et même, d'une légitime, puisque la femme peut exiger qu'on lui complète sa part. Mais, dans le cas présent, la part dans la succession *ab intestat* est égale à la légitime, tandisque la légitime est généralement un quote part du droit de succession *ab intestat.* Si la femme n'a rien reçu de son mari, elle prend néanmoins sa part dans la succession, mais elle ne peut intenter une *querela inofficiosi testamenti,* car elle n'a aucun droit à l'institution d'héritier.

Une dernière question reste encore à examiner : à quel titre la femme viendra-t-elle réclamer sa quarte ? Sera-ce comme héritière pouvant dès lors invoquer la *petitio hereditatis,* ou seulement comme créancière avec une simple *conditio ex lege!*

Et d'abord vint-elle comme héritière, nous venons de voir qu'elle ne pourrait pas intenter la *querela inofficiosi testamenti.*

Sur la question que nous venons de poser, une distinction doit être faite. Il est en effet certain que dans le cas où la femme vient réclamer sa quarte, non pas après le décès du mari, mais parce que celui-ci l'a répudiée sans cause, elle ne peut prétendre au titre d'héritière et partant intenter la *petitio hereditatis.* Dans cette hypothèse, la femme n'aura certainement à sa disposition qu'un *condictio ex lege,* c'est-à-dire une simple action personnelle ; sur ce point tout le monde est d'accord.

Il n'y a donc contestation que sur la quarte de la veuve pauvre et non dotée. A quel titre cette veuve vient-elle réclamer sa quarte quand ce n'est pas le testament qui a déterminé son droit ?

On a invoqué la Novelle Tit. XVII, chap. V qui assimile le cas où la femme a été répudiée sans cause et celui où elle survit à son mari : « *San cimus in utroque casu… quartam partem ex substantia viri accipere.* » Or, s'il est incontestable, nous dit-on, que la femme répudiée sans cause est simplement créancière de son mari, il faut en dire autant de la veuve qui vient réclamer sa quarte sur la succession de l'époux prédécédé[1].

Cette assimilation ne nous paraît en aucune façon concluante. En effet de ce que la Novelle précisée confère une quarte à la femme dans deux situations différentes, il ne s'en suit pas que cette quarte doive nécessairement être réclamée au même titre. Les termes de la Novelle LIII, chap. VI, § 1er « *secundum quod in illius jure ex hac lege heres extiterit* » nous font au contraire incliner à penser que la veuve est bien héritière pour obtenir sa quarte et qu'elle peut intenter la *petitio hereditatis*.

---

1. V. la belle thèse de M. André Morillet : *condition juridique de l'époux survivant au point de vue des dispositions entre époux et de la succession ab intestat*, p. 208.

De cette solution se dégagent logiquement les conséquences suivantes. La veuve, pour acquérir la quarte, devra manifester sa volonté formelle par une addition d'hérédité. Elle doit n'avoir pas cessé un seul instant d'être pauvre entre la délation et l'adition, car la pauvreté est la condition fondamentale de sa capacité héréditaire et celle-ci doit durer jusqu'à l'adition. Enfin elle peut prétendre au droit d'acroissement à la condition qu'en l'exerçant, elle n'obtienne pas plus du quart du patrimoine de son mari.

Section III. — Novelle de Léon le Philosophe.

La quarte de la veuve pauvre telle qu'elle avait été réglée par Justinien, reçut une dernière modification dans le droit du bas empire.

Par la Novelle CVI[1], l'Empereur Léon le Philosophe décide que la veuve pauvre aura toujours la propriété de son quart ou de sa part virile, alors

1. Cette novelle est intitulée : *De indotatis mulieribus quartam maritis mortuis ex ipsorum bonis lucrentur..... — Hanc vero absurditatem imperatoria nostra majestas corrigens sancit, ne istius portionis dominium mulieri auferatur, utique ipsa quomodo visum sit, de illa statuat, et nihil aliud liberis quam quod ex Foleidia ipsis competit, debeatur.*

même qu'elle sera en concours avec des enfants.
C'était ainsi transformer la nature du droit de la
femme, et de simple usufruit qu'il était auparavant
en présence d'enfants, en faire dans tous les cas
un droit de propriété. Cette décision ne peut que
confirmer l'opinion générale qui n'attribue à la
veuve qu'un droit d'usufruit et non un droit de
propriété comme le soutenait Lehr. Une autre
innovation importante est introduite : dorénavant la
femme, même en présence d'enfants, pourra disposer de sa part comme elle l'entend. Ce droit de disposition est absolu et n'est grevé d'aucune obligation même en présence d'enfants. Ceux-ci n'acquer-
ront donc cette part que si elle existe encore dans
la succession et s'ils deviennent héritiers. Quant à
la quotité du droit, elle est toujours la même et
s'élève à une part virile en face de trois enfants
et au-dessus, et à une quarte au-dessous de ce
nombre.

L'empereur Léon termine sa Novelle en décidant que la veuve perd sa quarte si elle se remarie « *priorum nuptiarum ille non obliviscatur,
neque inducto altero marito prioris toro contume-
liam inferat*. On retrouve dans cette dernière
disposition l'influence du Christianisme qui a
toujours vu avec défaveur les seconds mariages.

Section IV. — Résumé du droit successoral entre époux en droit romain.

De tout ce qui précède, il résulte que le droit successoral *ab intestat* entre époux n'apparut qu'assez tard dans la législation romaine. Pendant la période ancienne où domine le mariage avec *manus*, il n'est pas question d'un droit de succession en faveur du mari, puisque la femme en mourant ne laisse rien en propre. D'un autre coté, si des droits importants sont reconnus à l'épouse survivante sur les biens du prédécédé, si elle est considérée *loco filiæ* et vient concourir avec les enfants du défunt, dans la réalité des choses, ce droit de succession est la conséquence de la *manus* et ne découle pas du mariage pris en lui-même, abstraction faite de tout lien de puissance.

Le préteur fut donc le premier qui considéra le titre d'époux, celui de *vir* et *d'uxor*, comme fondement d'un véritable droit de succession réciproque ; il fut timide dans sa réforme et n'accorda à l'époux qu'un rang bien peu favorable, mais à lui revient l'honneur d'avoir établi le principe nouveau.

Quant à la législation impériale du bas empire et particulièrement celle de Justinien, elle subit des variations regrettables ; de ses dispositions il ne paraît pas se dégager un véritable esprit d'ensemble. L'on doit cependant rendre hommage aux idées de justice et de charité qui animaient l'Empereur dans ses réformes. Touché de la situation pénible de l'époux qui se marie sans dot et reste pauvre après la mort du conjoint dont il a partagé l'existence, Justinien vient à son secours en lui accordant une part de la succession du prédécédé. Mais ce droit successoral qui était d'abord réciproque fut ensuite restreint à la femme seule. Pourquoi cette différence ? évidemment, parce que l'homme était considéré comme pouvant toujours par son travail se procurer des moyens d'existence.

La loi romaine en dernière analyse ne donne donc au mari aucun droit de succession *ab intestat*. La veuve, au contraire, si elle est pauvre, n'a pas été dotée et n'a pas reçu de donation *propter nuptias*, obtient une part de la succession de son mari quand celui-ci meurt riche. Cette part, la veuve, quand elle se trouve en présence d'enfants, la prend en usufruit sous Justinien et en propriété à partir de Léon le Philosophe ; elle la prend à toute époque en propriété quand elle se trouve en présence d'autres héritiers que ses enfants. Enfin, la qualité du droit de la veuve varie suivant le nombre des enfants ; elle est du quart des biens du mari s'il y a moins de trois enfants, et d'une part virile s'il y en a un plus grand nombre.

L'idée qui semble se dégager de la législation du bas empire est que les empereurs ont surtout voulu secourir la femme sans fortune qui, ayant épousé un homme riche, se trouve plongée dans la misère pendant son veuvage, si son mari n'a pas eu soin de lui assurer une partie de sa fortune soit au moment du mariage soit pendant la durée de l'association conjugale. Ils paraissent donc se montrer plus préoccupés de remédier à une situation intéressante, secourir la veuve dans le besoin, que de faire découler du lien conjugal, du mariage en lui-même, un droit de succession réciproque entre les conjoints.

Telle est l'histoire du droit successoral entre époux dans la législation romaine. Avant d'arriver à la période actuelle, il nous reste à rechercher ce que ce droit est devenu dans notre ancienne France et depuis quelle époque il est possible d'en retrouver les traces.

ANCIEN DROIT

PRÉLIMINAIRES

Pour suivre la trace du droit successoral entre époux à partir du moment où il s'est introduit dans notre ancienne France, nous diviserons la troisième partie de notre étude en 4 chapitres. — Le premier s'occupera de la Gaule sous la domination romaine. — Le second parlera de la Gaule sous les Barbares. — Dans un troisième chapitre, nous rechercherons si le mari et la femme pouvaient se succéder l'un à l'autre en droit féodal. — Enfin, dans un quatrième chapitre consacré à l'ancien droit français proprement dit, nous aurons à nous occuper dans deux sections différentes des droits de succession *ab intestat* entre époux : 1° dans les pays de coutume ; 2° dans les pays de droit écrit.

Nous allons constater que si le principe de la succession prétorienne *unde vir et uxor* s'introduisit de bonne heure et paraît s'être maintenu dans la plupart des contrées de notre ancienne France, il n'en a pas été de même pour la quarte du conjoint pauvre. Celle-ci en effet est une création de Justinien. Or, les compilations de l'Empereur restèrent plusieurs siècles avant de pénétrer en France ou du moins, si l'on a pu prouver que certaines parties de l'œuvre impériale n'étaient pas restées complètement inconnues en Gaule, il n'en est pas moins certain que la législation des Novelles ne put exercer une influenee sérieuse sur notre ancien droit qu'à partir de la renaissance du droit romain qui se produisit sous l'inspiration de l'école de Bologne. Il n'est donc pas étonnant si la quarte du conjoint pauvre qui remontait aux Novelles, est restée longtemps avant d'être admise. Il est même remarquable que dans les pays du Midi où elle reçut une application générale, elle paraît avoir éprouvé certaines difficultés à se maintenir.

1. Avant cette renaissance, c'est surtout le *Code Théodosien* qui fut applicable à la Gaule.

CHAPITRE I

LA GAULE SOUS LA DOMINATION ROMAINE

Quand les légions de César achevant la conquête de la Gaule, eurent réduit celle-ci à l'état de province romaine, les vaincus ne furent pas longtemps à s'assimiler la langue, les usages et les institutions de leurs vainqueurs. Les Gaulois devinrent peu à peu semblables aux citoyens romains, se servant de la même langue, régis par les mêmes lois et participant aux avantages de la même civilisation [1].

Aux anciennes coutumes de nos ancêtres qui n'ont pas laissé de traces assez sensibles ni de mouvements assez importants [2] pour permettre de

---

1. A partir d'Auguste les empereurs accordèrent souvent à certains Gaulois le titre de citoyens, le *jus civitatis ;* enfin, sous Caracalla, tous les habitants de l'Empire furent investis du droit de cité.

2. Si la communauté ou les gains de survie rentraient dans notre sujet, nous aurions à citer le texte des commentaires de César (vi, xix) qui a tant exercé la sagacité des commentateurs et dans lequel certains auteurs ont voulu voir l'origine lointaine de notre régime de communauté.

se prononcer d'une façon précise, ont fait place les dispositions du droit civil et prétorien, c'est-à-dire du droit de l'époque classique.

Or, sur le point spécial qui nous occupe : du droit de succession *ab intestat* entre époux, quelles étaient les règles à cette époque de la législation romaine ?

Au commencement de l'Empire, la *manus* tendait de plus en plus à disparaître en même temps qu'augmentait le nombre des mariages libres. Il est donc présumable que le droit de succession en faveur de la femme qui découlait de cette antique institution ne dût pas s'exercer fréquemment chez (nos ancêtres, si tant est qu'il y fût même admis. En effet, si la *manus* était déjà fortement battue, en brèche à Rome vers la fin de la République, elle ne dut guère recevoir droit de cité dans les pays conquis.

Au contraire, le droit prétorien qui accordait aux époux, à défaut de parents, un droit de succession réciproque, dut être observé en Gaule d'autant plus que le testament étant inconnu et même plus tard peu pratiqué chez les Gaulois, la succession *ab intestat* devait recevoir une application plus fréquente qu'à Rome où le testament a toujours été dans les mœurs

Telles sont les seules observations qu'il soit

permis de présenter sur la période qui s'étend depuis la conquête romaine jusqu'à l'invasion de la Gaule par les Barbares. Les textes nous faisant ici complétement défaut, il serait aventureux de vouloir donner des conclusions certaines et par trop absolues.

———

CHAPITRE II

LA GAULE SOUS LES BARBARES

Les Barbares, en s'introduisant peu à peu et par la conquête dans la Gaule romaine, laissèrent aux vaincus l'usage de leurs lois et conservèrent eux-mêmes leurs coutumes nationales. Au milieu de ce mélange d'une population germanique avec une population gallo-romaine, chacun fut régi par sa loi propre selon son origine ; on appliqua le principe qu'on a désigné sous le nom de la personnalité des lois.

Ces coutumes et ces lois furent rédigées dans la langue des pays conquis, c'est-à-dire en latin, c'est ainsi qu'il fut en partie remédié à la grande confusion qui était résultée de la juxtaposition de l'élément barbare à l'ancien élément gallo-romain.

Quelles sont maintenant les dispositions des lois barbares sur le droit successoral entre époux. Elles sont peu nombreuses, il est vrai ; deux textes précis peuvent seuls être invoqués et encore le second ne reconnut-il le droit en question que d'une façon indirecte.

La loi des Wisigoths dispose dans son Livre IV. titre II § XI « *maritus et uxor tunc sibi hereditario jure succedant, quando nulla affinitas usque ad septimum gradum de propinquis eorum vel parentibus invenire poterit'.* »

Le mari et la femme succèdent donc mutuellement à défaut de parenté (*affinitas*) au septième degré. C'est évidemment le principe de la succession prétorienne que nous retrouvons ici ; cela ne doit pas nous étonner, car la loi des Wisigoths est plus que les autres lois barbares imprégnée des idées romaines.

Voici, d'autre part, ce que nous lisons dans la loi du Bavarois Lib. XIV. cap IX §. IV « *quod si maritus et mulier sine heredes mortui fuerint, et*

---

1. Walter. *Corpus juris Germanici antiqui* t. I, p. 495. Lib. IV tit. II, §. 11. *Legis Wisigothorum.*

nullus usque ad septimum gradum parentibus invenitur, tunc illas res fiscus adquirat [1].

Ce texte nous apprend que la succession des époux est attribuée au fisc quand ils sont tous deux décédés sans laisser de parents au septième degré. Or, si l'on suppose les époux tous deux décédés, c'est qu'apparemment dans le cas contraire, c'est-à-dire quand un seul des époux était mort, le fisc devait être primé par le survivant. Il est donc permis de conclure que la loi des Bavarois reconnaissait aussi le droit successoral entre époux.

Quoique les autres lois barbares ne fassent aucune allusion à ce droit de succession, des deux textes précédents, il résulte que le principe de la succession prétorienne *unde vir et uxor* recevait une application assez générale dans la plupart des contrées soumises auparavant à la domination romaine.

En effet, tant que persista le principe de la personnalité des lois, le règlement des successions dut se faire d'après la loi d'origine du de *cujus*. Or, non seulement les Gallo-romains, mais aussi les Wisigoths et les Burgondes paraissent avoir admis les époux à se succéder l'un à l'autre. Il ne resterait donc que les Francs dont les lois conte-

---

1. Id. p. 282. Lib. XIV, cap. ix, § 4 : *Legis Baiuvaiorum.*

nant principalement des dispositions de droit pénal, ne nous permettent pas d'avancer que la femme et le mari fussent appelés à se succéder mutuellement même à défaut de parent.

———

CHAPITRE III

DROIT FÉODAL

Le principe de la personnalité des lois était appelé à disparaître; car à mesure qu'on s'éloignait des premiers temps de l'invasion, la constatation de la loi personnelle devenait de plus en plus difficile. Peu à peu s'étaient effacées les distinctions d'origine entre les Gallo-romains et les Francs. Cette fusion entre les peuples de races différentes aboutit à la formation d'une société nouvelle : la société féodale. Or, la féodalité a pour fondement la puissance territoriale, son organisation repose sur la possession du sol ; avec elle c'est de cette possession que découle l'autorité, c'est le domicile et non l'origine de l'habitant qui détermine la loi applicable ; celle-ci, de personnelle qu'elle était, devient territoriale.

Pendant la période du droit féodal peut-on croire que le droit de succession entre époux fût encore admis d'une manière générale ?

Cela paraît difficile à soutenir. En effet, les conjoints nobles semblent bien, en vertu de textes précis, avoir été exclus de la succession l'un de l'autre. Les *Etablissements* et auteurs coutumiers de l'époque ne fournissent, il est vrai, aucun renseignement à cet égard, mais cette exclusion semble résulter de plusieurs passages de Loysel.

Règle 340. — « *Autrement la femme ne succède point au mari, ni le mari à la femme* [1]. »

Règle 342. — «... *à faute de tous parens, le seigneur haut justicier succède.* »

Règle 348. — « *Le haut justicier succède à son sujet par faute de parens, comme le roi aux aubains.* »

Admettant cette exclusion dans la classe des nobles, doit-on l'étendre également aux autres classes de personnes qui composent la société féodale ? Selon nous cette solution ne s'impose en aucune façon.

Si les successions nobiliaires sont en effet soumises à des règles spéciales pour leur dévolu-

1. La règle précédente disait « *Entre nobles, le survivant sans enfants gagne quasi partout les meubles.* » *Institutes coutumières* de Loysel Liv. II, tit. v, *des successions ;* édition Dupin et Laboulaye, t. I, p. 347, 350, 354.

tion parce qu'il est nécessaire que le suzerain puisse trouver dans le vassal un homme capable de lui rendre les services de guerre, au contraire les biens d'un roturier sont dévolus en vertu de principes différents. Les successions roturières ne reconnaissent pas, par exemple, les privilèges de masculinité et de primogéniture, elles respectent le principe d'égalité des partages; elles tendent donc à se rapprocher davantage des idées romaines. Pourquoi dès lors auraient-elles exclu le principe de la succession prétorienne *unde vir* et *uxor* et n'auraient-elles pas admis les époux à se succéder à défaut de parents?

D'un autre côté dans le pays du midi la féodalité n'eut pas dès l'origine un caractère aussi prononcé que dans le nord ; il resta toujours un certain nombre de propriétaires d'alleux qui continuèrent à être régis pour leurs personnes et pour leurs biens par leurs anciennes lois tranformées en usage. Or, la succession prétorienne *unde vir et uxor* n'a-t-elle pas dû se perpétuer dans ces anciens usages, puisque dans la période précédente, elle s'appliquait non seulement aux Gallo-romains, mais était aussi admise par les lois barbares des Burgondes et des Wisigoths?

C'est pourquoi il nous sera permis de croire que la féodalité n'a jamais fait disparaître complètement le droit successoral entre époux ; ce droit a toujours persisté dans le midi de la France et dans le nord il a dû renaître à partir de l'apparition de la classe bourgeoise.

Ce que nous venons de dire des Bourgeois ne pourrait-il pas être corroboré au besoin par un texte curieux tiré des *Assises de Jérusalem* (Cour des Bourgeois) ?

« *Car ce dit la lei et l'Assise dou reaume de Jérusalem que nus hom n'est si dreit hier au mort come est sa femme épouse. Sanctæ enim civitatis Dei cives apostolica doctrina confisi dicunt uxorem esse in successione viro proximiorem, quia vir et uxor unum corpus est et duæ animæ* [1]. »

Ainsi la femme serait admise à succéder à son mari ; il semble même qu'elle dût exclure non seulement les parents éloignés, mais aussi les frères, sœurs, fils et filles du prédécédé.

Il serait cependant dangereux de vouloir généraliser ce texte et d'en tirer des conséquences qu'il ne comporte pas.

Et d'abord en accordant à la veuve un pareil droit qui peut sembler exorbitant, il n'entend régler que la dévolution des biens du mari acquis avant le mariage [2]. Inscrit du reste dans les

---

1. *Assises de Jérusalem. (Cour du Bourgeois)* c^h. CLXXXIII, éd. Kausler.
2. Ginouilhac. *Histoire Générale du droit français, p.* 482.

Assises de la Cour des Bourgeois, il laisse en dehors toute la catégorie des conjoints nobles. Il ne faut donc pas lui donner une importance exagérée et en faire découler un droit véritable de succession *ab intestat* entre conjoints.

Cette disposition reçut-elle même une application générale en droit féodal ? C'est plus que douteux. Malgré l'importance que présentent les *Assises de Jérusalem* pour l'étude de la société féodale, il faut en effet se garder de croire que l'organisation de la féodalité, telle qu'elle était réglée dans le royaume fondé par Godefroy de Bouillon, fût absolument calquée sur la féodalité française.

Un tel privilège successoral en faveur de la veuve se justifiait-il en Palestine, en raison de ce que les femmes y partageaient les périls des croisés leurs époux ? On ne sait. Mais ce qui n'est pas douteux, c'est que si le texte en question avait eu une portée tant soit peu générale, les coutumiers français, en traitant de la matière des successions, ne l'eussent pas passé sous silence. Or, aucun autre document ou écrit de l'époque n'y avait fait la moindre allusion, il est à peu près certain qu'il ne dût jamais avoir d'application en dehors des pays occupés par les croisés.

CHAPITRE IV

PAYS DE COUTUMES ET PAYS DE DROIT ÉCRIT

Après la féodalité, arrivons à la période monarchique où s'accentua la différence entre les pays du sud de la France et les contrées situées au nord de la Loire et où s'établit définitivement l'appellation de pays coutumiers et pays de droit écrit.

Section I. — Pays de coutumes.

La législation des Novelles de Justinien sur la quarte du conjoint pauvre ne s'était pas introduite dans les pays coutumiers ou tout au moins, si elle y fut connue, elle ne reçut jamais application.

Dans ces contrées où peu à peu s'établit la communauté entre époux, le partage de cette masse commune faisait du reste participer le conjoint sans fortune aux biens du plus fortuné. Enfin les coutumes pourvoyaient d'une autre manière à ce que l'humanité exige en faveur de la veuve, en lui accordant un douaire.

D'une manière générale, le *Douaire* était, comme

le dit Pothier « ce que la convention ou la loi accorde à la femme dans les biens de son mari pour sa subsistance en cas qu'elle lui survive. »

Après avoir été exclusivement conventionnel, le douaire devint légal ; c'était alors le douaire coutumier qui consistait dans l'usufruit d'une certaine partie de certains biens du mari et portait généralement sur les immeubles que le mari possédait lors du mariage ou ceux qui lui advenaient de ses ascendants pendant la durée de l'union conjugale. Sa quotité était ordinairement de la moitié des biens du mari (coutumes de Paris et d'Orléans) et du tiers dans d'autres coutumes, Bretagne, Maine et Anjou).

Mais nous n'avons pas à nous étendre sur le douaire, car ce n'était pas un véritable droit de succession *ab intestat* et par suite il ne rentre pas dans le cadre de notre étude.

§ Ier. — *Droit successoral entre époux.*

En dehors de la quarte du conjoint pauvre qui ne s'appliquait pas en pays coutumiers, que dire maintenant du droit de succession réciproque dans le cas où l'époux prédécédé ne laissait aucune parenté légitime pour venir recueillir son héritage?

Le conjoint survivant était-il appelé à succéder ou se voyait-il au contraire exclu par le fisc?

D'après Bretonnier[1], « *à défaut de tous les parents le mari succède à la femme et la femme à son mari, préférablement au fisc, en vertu de l'édit du préteur unde vir et uxor.* »

La même opinion était généralement adoptée par les autres auteurs[2]. Mais ce droit successoral qui était admis dans tous les pays de droit écrit, ne s'appliquait uniformément dans toutes les coutumes. A cet égard il fallait faire des distinctions.

Certaines coutumes comme celles de Berry (tit. 19 art. 8) et de Poitou[3] (art. 299) admettaient cette succession par des dispositions expresses.

D'autres coutumes au contraire la rejetaient expressément. Coutume du Bourbonnais (art. 328).

Quelques coutumes excluaient indirectement le conjoint en appelant le seigneur haut justicier au défaut des héritiers d'une ligne et cela à l'exclusion des héritiers de l'autre ligne. Coutume de Normandie[4] (art. 245) du Maine (art. 286) d'Anjou (art. 268).

---

1. *Questions de droit* de Bretonnier, titre : *succession ab intestat.*

2. Pothier. *Introduction à la coutume d'Orléans, titre,* xvii, § n° 235. Lebrun, *traité des successions, Livre I, chap.* vii.

3. Coutume de Poitou art. 299 « *et où il n'y aurait lignager capable à succéder, la femme succéderait au mari et le mari à la femme plutôt que les dits biens soient dits vacans.* »

4. Voici ce que dit Boucher d'Argis. « *Il a été jugé au parlement de Paris que le titre unde vir et uxor n'a pas lieu en Normandie,*

Enfin en ce qui concerne la plupart des coutumes qui étaient muettes sur ce point, la jurisprudence aussi bien que les auteurs admettaient que les conjoints se succèdent l'un à l'autre à défaut de tous autres parents. Tel était l'usage de Paris et d'Orléans [1].

§ II. — *Conditions de ce droit de succession.*

Lebrun, dans son *Traité des successions*, nous dit que ce droit successoral étant fondé sur une présomption de volonté du défunt qui, à défaut de parents, a dû préférer son conjoint au fisc, la séparation des époux empêche cette succession parce qu'elle entraîne une présomption contraire à celle sur laquelle ce droit a été établi. Il pousse même ce raisonnement jusqu'à ses dernières limites en admettant qu'une simple séparation de fait, pourvu qu'elle ait duré quelque temps, suffit à empêcher l'application du droit de succession. Mais Pothier repousse ce système, logique à la vérité, mais aussi par trop rigoureux ; et il exige que la séparation ait été prononcée en justice.

que le mari n'y peut prétendre qu'au droit de viduité. Basnage, art. 146 de la dite coutume. »

1. Roussilhe : *traité de la dot*, t. II, p. 160.
Pothier et Lebrun déjà cités.

La femme convaincue d'adultère était déclarée indigne de la succession de son mari ; mais si elle prédécédait, celui-ci pouvait lui succéder à défaut de parents.

Le mari était également exclu de la succession de sa femme quand celle-ci avait obtenu la séparation pour cause de sévices ; mais, s'il mourait le premier, sa veuve pouvait, à défaut de parents, lui succéder.

La veuve qui se remarie a-t-elle le droit de venir réclamer, à défaut d'héritiers, la succession de son premier mari ?

A cette question, Lebrun répond qu'un arrêt de 1606 a jugé qu'elle y était bien fondée par la raison qu'un second mariage n'efface pas l'alliance contractée par le premier.

Mais il a soin d'ajouter qu'à son avis, si la veuve se remarie peu de temps après la mort de son époux, comme elle blesse en cela le respect dû à la mémoire du prédécédé et s'expose à une confusion de part, elle doit être déclarée indigne de la succession, comme elle est d'autre part privée de son douaire par un arrêt de la Grand'Chambre du 10 juin 1664.

Si un homme veuf se remariait, rien ne l'empêcherait du reste de succéder à sa première femme toujours dans l'hypothèse de décès sans parents.

Ce droit successoral entre époux, étant un des effets civils du mariage, ne pouvait recevoir application dans le cas où le mariage, quoique valablement contracté, était privé de ses effets civils. Telle était l'union qui a toujours été tenue secrète jusqu'à la mort, celle qui a été contractée *in extremis* « entre personnes qui avaient eu un mauvais commerce » au dire de Pothier, celle qui a été contractée entre le ravisseur et la personne ravie quoique remise en liberté.

Au contraire, le droit de succession reprenait son empire dans les cas où la loi accorde les effets civils à un mariage quoique nul, à cause de la bonne foi des parties qui l'ont contracté, ou de l'une d'elle ; c'est le mariage putatif. Ainsi la femme qui, sur des attestations en bonnes formes de la mort de son mari, s'était remariée, ou celle qui s'était unie à un prêtre dont l'état et le caractère religieux lui étaient inconnus, pouvait en raison de sa bonne foi hériter à défaut d'autres parents du défunt. Mais en revanche la partie qui était de mauvaise foi ne pouvait succéder à l'autre, *cum nemo ex suo delicio jus sibi quærere possit.*

Le mari qui tuait ou faisait tuer sa femme devait être privé du droit successoral ; il en était de même pour la femme qui commettait le même crime, car disait Faber « la femme qui attente à la vie de son mari commet encore un plus grand crime que la fille qui conspire contre la vie de son père. »

Que décider à l'égard du mari qui tue sa femme surprise en flagrant délit d'adultère! Les auteurs déclarent généralement dans ce cas que le mari ne peut succéder à sa victime. Si le juste senti-ment de douleur, dit Lebrun, excuse l'époux, il ne l'absout pas et ne peut pas en quelque sorte le faire bénéficier de son acte ; car « lorsqu'il s'est montré un si cruel vengeur de l'honneur de sa maison, il doit mépriser de se dire héritier de celle qui l'a rempli de honte et d'infamie. »

Le mari sera également privé de la succession de sa femme s'il a porté contre elle une fansse ac-cusation d'adultère, celle-ci étant alors considérée comme *injure atroce*. Enfin, ajoutons que si le conjoint survivant n'a pas vengé la mort du pré-décédé, il est déclaré indigne de lui succéder, et que s'il ne l'a pas secouru dans sa maladie, cette négligence coupable est punie de la même peine.

§ III. — Saisine.

Le conjoint survivant qui succède a-t-il la sai-sine?

D'après Lebrun la raison de douter vient de ce que la saisine est réservée aux seuls héritiers du sang. Mais il admet néanmoins que le conjoint survivant qui se trouve en état de succéder au prédécédé mort sans autre héritier, est saisi de plein droit de la succession. La plupart des coutumes déclaraient en effet indistinctement que « le mort saisit le vif son plus proche héritier habile à lui succéder » ce qui se doit entendre de toute sorte d'héritiers [1]. Pour Pothier, l'époux est un véritable héritier et se trouve, de même qu'un parent, saisi de tous les droits actifs et passifs du défunt dès l'instant de sa mort ; l'article 301 disant en effet « le mort saisit le vif, son plus proche héritier » en termes généraux et non pas son plus proche parent.

Les parents du mari qui priment la femme viennent-ils à renoncer, cette renonciation des héritiers présomptifs ayant un effet rétroactif, la veuve est présumée seule héritière et par conséquent saisie.

Le conjoint survivant à qui les auteurs s'accordent à reconnaître la saisine ne peut se trouver primé par les enfants naturels, ceux-ci ne succédant pas dans l'ancien droit. Les enfants naturels n'avaient pas de parents ; s'ils se mariaient et mou-

---

1. Certaines coutumes allaient même plus loin en déclarant saisis de plein droit des héritiers bien plus irréguliers que les époux. — La coutume de Troyes (art. 91), celle de Chaumont (art. 73), disent en effet que le seigneur, succédant à des gens de main morte, est saisi de plein droit.

raient sans postérité, leur conjoint leur succédait à l'exclusion du fisc lequel était ordinairement seul appelé de droit à la succession de ces enfants. Aussi Roussilhe nous dira-t-il « ceux qui s'unissent avec des bâtards ont plus d'espérance de succéder à leur conjoint que n'ont les autres, parce que le mariage opère plus pour ceux-là que pour ceux-ci. »

§ IV. — *Avantages spéciaux.*

Nous avons annoncé au commencement de cette étude que notre intention n'était pas d'étudier la condition juridique du conjoint survivant et les différents gains de survie qui lui furent successivement accordés ; nous nous sommes limités au droit de succession *ab intestat* entre époux. C'est pourquoi nous ne citerons qu'en passant, et seulement pour mémoire, quelques avantages reconnus par certaines coutumes en faveur du conjoint survivant : comme l'usufruit de la moitié des conquêts que la coutume d'Anjou (art. 283) attribue au survivant — ou les meubles en propriété et l'usufruit de la part des conquêts appartenant à la femme que la coutume de Reims (art. 277) donne au mari survivant par une espèce de continuation de possession.

Ces avantages sont plutôt des droits de communauté que des droits de succession et la communauté est en dehors de notre sujet.

Il en est de même pour le préciput légal des meubles établi par l'article 238 de la coutume de Paris en faveur des époux nobles et communs en biens.

Section II. — Pays du Droit écrit.

Ayant examiné le droit successoral entre époux tel qu'il était admis dans les Coutumes, passons maintenant aux pays méridionaux où le droit romain s'appliquait d'une façon plus générale que dans le Nord et que pour cette raison on appelait pays de droit civil.

Ici la communauté entre gens mariés était inconnue, et le douaire ne recevait guère application ; dès lors il aurait pu arriver que la femme d'un homme riche se trouvât très pauvre et souvent réduite à la misère après la mort de son mari. C'est pourquoi Boucher d'Argis dira à propos de la quarte du conjoint pauvre qu'il y a là « une loi des plus belles, des plus justes et des plus conformes au droit divin et au droit naturel [1]. »

§ I. — *Quarte du conjoint pauvre.*

Cette quarte du conjoint pauvre s'était introduite

---

[1] Boucher d'Argis. *Traité des gains nuptiaux*, ch. XIII.

en France après la renaissance des études du droit romain. Nous savons déjà que, sous une inspiration chrétienne, les empereurs et plus particulièrement Justinien, avaient voulu secourir l'époux qui, marié sans dot, tombait ensuite dans la pauvreté après la mort de son conjoint.

La quarte du conjoint pauvre, après avoir été accordée au mari aussi bien qu'à la femme par la Novelle 53, avait été ensuite restreinte à la veuve dans la Novelle 117.

En dernier lieu les Empereurs donnaient à la femme pauvre et non dotée une part dans la succession de son mari ; elle prenait le quart des biens sauf quand il y avait plus de trois enfants ; dans ce cas ce n'était plus qu'une part virile qu'elle prenait. La femme était mise ainsi sur la même ligne que les enfants issus de son mariage. Puisque l'époux partageait son affection entre ses enfants et sa femme, n'était-il pas juste que les uns et les autres recueillissent une part de son patrimoine ? Enfin la veuve était usufruitière de sa portion si les héritiers étaient des enfants communs et propriétaire de cette portion, quand le défunt n'avait laissé comme héritiers que des étrangers ou des enfants d'un autre mariage.

Les dispositions des Novelles de Justinien sur la quarte du conjoint pauvre ont été résumées et insérées au Code au titre *unde vir et uxor*, par les glossateurs de Bologne ; c'est le célèbre *Authentique Præterea* que Bretonnier et Lebrun attribuent à Irnérius lui-même. Mais cette *Authentique* se réfère à la Novelle 53 et non à la Novelle 117, car elle accorde la quarte au conjoint sans distinguer entre le mari et la femme [1]. C'est donc bien véritablement la quarte du conjoint pauvre.

§ II. — Conditions pour obtenir la quarte.

Quelles étaient les conditions à remplir pour invoquer le droit à la quarte ?

Il fallait d'abord que le conjoint survivant fût pauvre, c'est-à-dire que ses biens y compris ses reprises et conventions matrimoniales ne fussent pas suffisants pour le faire vivre « suivant son rang et sa condition. [2] »

C'est l'opinion de la plupart des auteurs qu'il ne faut pas attacher un sens strict à ce terme de conjoint pauvre, et ne pas prendre à la lettre les décisions de la loi romaine en la matière, « quand la loi, dit Lebrun, parle d'une femme pauvre et qui n'a point eu de dot, elle entend aussi parler

---

1. Merlin (*Rép. Alph.* mot : *quarte du conjoint pauvre*), nous dit que tel était l'avis d'Accurse sur l'*authentique Præterea*, de Dumoulin sur le conseil 24 de Decus, de Grossus et d'autres auteurs.

2. Pour plus de détails, v. Merlin, loc. cit. qui examine les différentes questions que soulève l'authentique Prætorea.

d'une femme qui n'a eu qu'une très petite dot. »

Boutaric met cette question au nombre de celles qui peuvent être jugées différemment suivant les circonstances [1].

Le bénéficiaire de la quarte peut l'obtenir malgré le testament, mais si le prédécédé avait disposé de ses biens par actes entre vifs, le survivant ne pouvait demander aucun retranchement [2].

Pour juger si le survivant des époux était en situation d'exiger la quarte, fallait-il considérer l'état de sa fortune au moment précis de la mort du prédécédé ? Devait-on, en d'autres termes, refuser la quarte à une femme qui, après s'être trouvée dans une situation précaire au premier moment de sa viduité, est ensuite devenue riche ?

Fallait-il en retour la donner à la femme qui, au décès de son mari, possédait les biens nécessaire à son entretien, mais qui se trouve après réduite à la misère, à la suite de revers de fortune ?

La plupart des auteurs [3] distinguent le cas où

1. V. les arrêts rapportés par Merlin d'après Maynard et Catellan l'un de 1511 et l'autre de 1648.

V. Supplément au journal du palais de Toulouse, t. II, p. 295 arrêt du 27 août 1764.

V. Boutaric sur les Institutes de Justinien, p. 413.

2. V. Lebrun, loc. cit. nº 6, ch. vii, liv. I.

3. Dumoulin sur le conseil 25 de Decius ; Barry, liv. XVIII, ch. iv, nº 12 ; Lebrun, *op. cit.*

le changement de fortune a suivi de près la mort
du prédécédé, et celui où il n'est survenu que longtemps après. « Si la femme qui était pauvre au
moment de la mort de son mari, recueille une
ample succession peu de jours après, il ne lui est
point dû de quarte ; si, au contraire, paraissant
assez bien dans ses affaires lors du décès de son
mari, elle vient à être ruinée par un incendie ou
par un naufrage, elle peut demander la quarte ;
mais si ce changement est arrivé longtemps après
la mort du mari, il faut laisser les choses en l'état
qu'elles sont [1]. »

Enfin, si une femme mariée deux fois a négligé
de réclamer la quarte sur les biens de son premier
mari, cette abstention de sa part ne faisait nullement obstacle à ce qu'elle pût obtenir sa quarte
sur la succession de son second mari.

§ III. — *Exclusion de la quarte.*

Quelles sont les causes qui excluent la conjoint
pauvre du droit à la quarte ?

Les causes qui privent le conjoint pauvre de la
quarte, sont à peu près les mêmes que celles qui
excluent l'époux de la succession. En cas de séparation pour cause d'adultère, le coupable qui
ne peut succéder invoquerait en vain sa pauvreté

---

1 Roussilhe, *traité de la dot.* Chap, xx, § 7.

pour réclamer la quarte ; mais en revanche l'autre époux n'en conserve pas moins son droit s'il survit.

Le mari qui a tué sa femme surprise en flagrant délit d'adultère est privé du droit à la quarte, quoique ce meurtre soit légalement excusable. Le mari qui accuse faussement sa femme d'adultère est aussi privé de la quarte, parce que cette accusation est une *injure atroce* qui entraîne l'indignité.

Quand le conjoint prédécédé a été victime d'un meurtre et que le survivant ne venge pas sa mort, il est indigne de la quarte comme de la succession.

Pour donner droit à la quarte, le mariage ne doit pas avoir été fait « clandestinement, ni à la fin de la vie ; » l'union contractée doit avoir produit les effets civils du mariage.

Néanmoins, un mariage nul quant aux effets civils, s'il avait été contracté de bonne foi, permet au survivant pauvre d'obtenir la quarte.

Enfin, si le conjoint survivant n'a pas secouru son époux quand celui-ci était dans le besoin, i est indigne de la quarte aussi bien que de la succession. Il en est de même si la femme abandonne son mari pour « suivre un autre homme [1], » disent les auteurs.

1. Dans tous les cas dont nous venons de parler, la femme perd non

§ IV. — *La quarte du conjoint pauvre a-t-elle toujours été admise dans le pays de droit écrit ?*

La quarte du conjoint pauvre fut longtemps admise dans tous les pays de droit écrit [1], mais à partir d'une certaine époque elle semble avoir éprouvé de la difficulté à se maintenir dans le ressort de certains parlements tout au moins.

Au dire de Bretonnier l'*Authentique Præterea* était observée par les Parlements de Toulouse, de Bordeaux, de Grenoble et de Provence. Boucher d'Argis ajoute en note que la question fut ainsi jugée par arrêt du Parlement d'Aix du 21 février 1732 et nous renvoie à son traité des gains nuptiaux. ch. 13. La quarte du conjoint pauvre avait donc été contestée dans le ressort de plusieurs parlements.

Roussilhe nous apprend qu'un arrêt du Parlement de Toulouse rendu aux grands jours du Puy, octobre 1548, admet la quarte du conjoint pauvre [2]. Mais par la suite cette jurisprudence chan-

seulement le droit de succéder ainsi que le droit à la quarte, mais elle est privée encore de tous les avantages accordés aux veuves comme douaire, pension viduelle, et habits de deuil. — Mais pour que la femme encourût ces peines, il ne suffisait pas qu'elle fût demeurée pendant quelque temps séparée de son mari, il fallait qu'elle n'eût pas d'excuse légitime de son absence.

1. Roussilhe, chap. xx, § 7.

2. Merlin cite aussi des arrêts de 1581, 1648 et 1717.

gea. On trouve en effet au supplément du Journal du Palais de Toulouse, t. II, p. 295 un arrêt du 27 avril 1764, qui n'adjuge à la veuve sur les biens de son mari qu'une pension viagère eu égard à sa condition et non le quart de la succession.

Montvallon[1] observe aussi qu'en Provence l'on ne suit pas l'*Authentique Præterea* à la rigueur et qu'on n'accorde à la veuve qu'une pension eu égard aux facultés du mari, et non le droit de quarte. La même décision fut également rendue au Parlement du Dauphiné par un arrêt du 11 mars 1783. (Laurence Bellon contre Antoine Bertrand).

Nous venons de voir Boucher d'Argis avancer comme une chose certaine que l'*Authentique Prœterea* est observée dans le ressort du Parlement d'Aix, en s'appuyant sur un arrêt du 21 février 1732, (affaire Laugier-Raillon [2]). Mais plus tard, Merlin rapportant cette affaire célèbre dans tous ses détails, nous apprend qu'une requête civile remit tout en question et qu'en 1737 (17 juin) intervint un arrêt repoussant l'application de la quarte du conjoint pauvre. M. Boissonade[3] fait remarquer à ce sujet que Boucher d'Argis publia

1. V. M. de Montvallon : *traité des successions*, t. I, chap. vi, p. 22.
2. Rendu contre dame Laurence Bellon, veuve d'Antoine Bertrand, et en faveur des neveux de ce dernier.

son traité à Lyon en 1748 et qu'il cite comme dernier arrêt une décision d'Aix de 1732 qui était en effet définitive à cette époque. Or, Boucher d'Argis a pu parfaitement ignorer les suites de l'affaire Raillon qui se déroulaient à Aix pendant qu'il imprimait son traité à Lyon. Quoi qu'il en soit, c'est évidemment Merlin qui nous donne la solution définitive qui finit par triompher.

§ V. — *Droit de succession réciproque.*

En dehors de cette quarte du conjoint pauvre, les époux se succédaient-ils en totalité à défaut de tout parent légitime, et sans condition de pauvreté ? Rousilhe répond à cet égard que l'Edit du Préteur est admis tant en pays de coutume qu'en pays de droit écrit.

Le principe de la succession prétorienne s'était donc perpétué sans interruption dans les contrées du midi de la France et nulle autorité ne s'était trouvée pour en contester l'application.

§ VI. — *Autres avantagesdu conjoint survivant.*

Il est utile de faire remarquer en terminant que dans notre ancien droit, la quarte du conjoint pauvre et le droit successoral réciproque accordé à défaut de parents, n'étaient pas la source unique où l'époux survivant pût puiser le droit de prendre quelque chose dans la succession du prédécédé.

Avec ces institutions empruntées au droit romain venaient se combiner deux institutions spéciales, l'une au droit écrit, l'autre au droit coutumier. La première était *l'augment de dot* pour la femme et le *contre-augment* pour le mari. La seconde était le *douaire coutumier* dont nous avons déjà dit quelques mots, et qui était donnée à la veuve soit par la loi, soit par la convention. Le droit attribué ainsi au conjoint survivant s'exerçait bien dans la succession du prédécédé, mais ce n'était pas un véritable droit de succession. *ab intestat*. Ces institutions ne rentrent donc pas dans l'objet de notre examen. Du reste la quarte reçue dans les pays de droit écrit ne pouvait jamais concourir avec l'augment ; elle venait même à son défaut car l'augment n'appartenait qu'à la femme dotée tandis que la quarte était réservée à la veuve pauvre et non dotée.

QUATRIÈME PARTIE

PÉRIODE INTERMÉDIAIRE

La loi célèbre du 17 Nivose an II par laquelle la Convention introduisait la révolution dans l'ordre successoral, alors que d'autres lois l'avaient déjà réaliséé dans l'ordre politique, ne se prononce pas sur le droit de succession *ab intestat* entre époux. Que conclure de ce silence?

Est-il possible d'admettre encore le principe de la succession prétorienne et de dire que le conjoint survivant, s'il est relégué après tous les parents et successibles, est néanmoins admis à succéder et doit en tous cas primer le posital [1]?

Quant à nous, une telle solution nous paraît impossible à reconnaître; elle se trouve en effet en trop formelle opposition avec l'article 61 de la loi de Nivose qui abroge « *toutes les lois, coutumes, usages et statuts relatifs à la transmis-*

[1]. C'est l'opinion de M. Boissonade, p. 327 et de M. Morillot, p. 333.

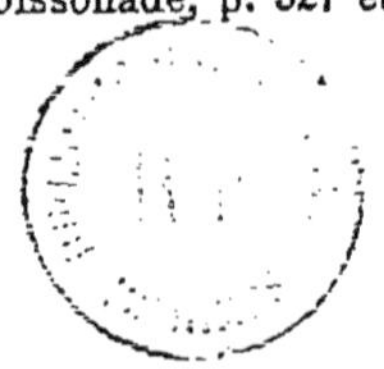

sion des biens par donations et successions.

Comme cette grande loi successorale est absolument muette sur le conjoint survivant et tout droit successoral entre époux, il nous semble logique de conclure qu'à partir de cette époque de la période intermédiaire, ce droit de succession *ab intestat* n'existait plus et qu'en conséquence, les biens laissés par le conjoint prédécédé devaient, à défaut de parents, tomber entre les mains de l'Etat.

C'est en vain qu'on tenterait de nous opposer que le premier projet du Code civil présenté par Cambacérès en 1793 est positif en faveur du conjoint pauvre et du droit successoral entre époux. Cette objection ne nous touche nullement, et ne nous fera pas changer d'opinion ; elle prouve simplement que si ce projet avait été adopté, la conséquence facheuse résultant de l'art. 61 de la loi de Nivôse ne se fût pas produite.

Nous reconnaissons du reste sans difficulté que les conventionnels tout en abolissant et transformant de fond en comble le régime des successions tel qu'il était pratiqué avant la Révolution, auraient très bien pu laisser encore en vigueur le droit successoral entre époux et même la *quarte* du conjoint pauvre ; ces deux droits, en effet, ne méritaient nullement de soulever la haine ressentie alors contre les institutions de l'ancien régime. Après tout, il est possible que le législateur de l'an II, absorbé par d'autres questions plus brûlantes et plus graves, ne se soit pas aperçu tout d'abord qu'il excluait indirectement les époux de la succession l'un de l'autre.

Quoi qu'il en soit, cette sévérité à l'égard du conjoint survivant est peut-être plus apparente que réelle et, en tous cas, s'explique plus facilement qu'on ne serait tenté de le croire au premier abord.

En effet, tandis que la loi de Nivôse manifeste son hostilité contre les dispositions à titre gratuit entre parents et successibles [1], dans la crainte que le père de famille pût de nouveau créer à son aîné une situation préférable et rétablir ainsi indirectement des privilèges qu'on avait voulu abolir pour toujours [2], au contraire les libéralités entre époux généralement prohibées dans l'ancien droit, sont permises dans une large mesure par cette même loi de Nivôse qui les préserve même de la nullité

---

1. Par son article 16, elle défend de faire aucune libéralité aux successibles et de donner aux étrangers plus de 1/10 des biens, si le disposant laisse des ascendants ou des descendants, quelque fussent leur nombre et leur degré, et plus de 1/6 s'il ne laisse que des collatéraux. — Cette loi crée, comme on l'a dit, une puissante réserve familiale.

2. La Convention voulait la division des propriétés et l'égalité du traitement des cohéritiers.

rétroactive prononcée contre les libéralités entre parents faites postérieurement au 14 juillet 1789. Les époux purent désormais se donner, soit par donation soit par testament, la moitié de tous leurs biens en usufruit quand ils auraient des enfants communs ou d'un premier mariage; et à défaut d'enfants, aucune restriction ne fut apportée à leurs libéralités, même en face d'ascendants [1].

La loi de l'an II créant ainsi pour les époux un droit tout de faveur et d'exception, compensait en quelque sorte pour le conjoint survivant ce qu'on lui avait retiré par l'abolition des gains légaux de survie [2] avec l'ancien système héréditaire.

Enfin il n'est pas sans importance de remarquer que quelque temps avant la loi du 17 Nivôse an II, un décret qui porte la date du 20 septembre 1792 était venu rompre avec l'ancienne indissolubilité du mariage et admettait le divorce même pour simple incompatibilité d'humeur. Le législateur n'attachait donc plus au lien conjugal l'importance qu'on lui attribuait auparavant, puisqu'il en changeait un des caractères essentiels; il ne paraissait

---

1. Art. 13 et 14 de la loi du 17 Nivôse an II.

2. La loi interprétative du 9 fructidor an II répond (sur la 24e question) que le douaire coutumier et l'argument de dot étaient abolis. — Cette loi fut rendue pour la solution de questions qu'avait posées l'autorité judiciaire sur l'application de la loi de Nivôse.

plus le considérer que comme un simple contrat civil ordinaire. Dès lors n'était-il pas conséquent avec lui-même en faisant produire au mariage un effet de moins, et en se refusant d'y voir la source d'un droit héréditaire [1] ?

Quoi qu'il en soit, avant d'aborder l'examen du Code civil de 1804, disons quelques mots des projets qui, venant après la promesse de l'Assemblée Constituante [2] de doter la France d'un Code de lois civiles uniformes, furent présentés à la Convention nationale, mais ne furent jamais appliqués.

Le premier projet élaboré par le comité de législation civile de la Convention fut présenté à

1. M. Bourbeau, président de la Commission sénatoriale chargée d'examiner la proposition Delsol, disait au Sénat dans un éloquent discours «... Que devenait cette volonté persistante, qui semblait vouloir gratifier encore au-delà du tombeau, sans même avoir besoin de l'exprimer, par la seule présomption de l'affection qui avait, à l'origine, présidé à la célébration du mariage ? Que devenait, je le répète, cette présomption d'affection, cette volonté légale de laisser à l'époux survivant au moins une aisance correspondante à la fortune de l'époux prédécédé ? Eh bien, vous l'avez déjà compris, dès que le mariage a perdu son indissolubilité, dès que l'on peut y trouver ce changement, cette inconstance dans les volontés, cette dissolution facultative, comment supposer qu'à ce mariage ainsi constitué, dans ces éléments nouveaux, pourra se rattacher une présomption de gratifier l'époux après le mariage, même dissous par la mort ?... Comment supposer une volonté affectueuse, même au-delà du tombeau ; lorsque le mariage peut être à chaque instant dissous par mutuelle volonté, par simple incompatibilité d'humeur, pendant que les époux sont encore en présence ? » J. off. du 7 mars 1877, p. 1743.

2. Constitution de 1791, titre I, *ire fine.*

cette assemblée par le rapporteur Cambacérès, le 9 août 1793 et décrété sauf révision dans le cours des mois de Vendémiaire et Brumaire de la seconde année de la République [1].

Aux termes du Livre I, titre III de ce projet [2], XXV. « *L'époux survivant nécessiteux a droit à des secours sur les biens de l'époux décédé.* »

XXVI. « *La quotité de ces secours est réglée par un conseil de famille, dans la proportion des besoins de l'époux et de ceux des enfants. Ces secours cessent lorsque ces besoins n'existent plus.* »

Enfin dans le Livre II § 4, l'article LXXVI disposait « *à défaut de parents, la succession du défunt sera recueillie par le conjoint survivant* » ; ce n'était donc qu'à défaut de parents et de conjoint survivant que les biens du *cujus* étaient mis à la disposition de la nation [3]. (art. LXXVII).

Dans le second projet du Code civil qui fut lu et présenté à la Convention dans la séance du 23 Fructidor an III, l'on ne retrouve aucune trace

1. V. *Code des successions* par le citoyen Guichard, p. 306 et 324 pour le premier projet et p. 329 pour le second.

2. Les matières étaient disposées dans un ordre qui a plus tard été reproduit en grande partie par le Code civil.

3. Ce premier projet fut en entier voté par la Convention, mais celle-ci ne fut pas suffisamment satisfaite de son œuvre et la promulgation n'eut pas lieu. — Un décret du 3 novembre 1793 (13 Brumaire an II, Duvergier, t. VI. p. 363), nommait une commission nouvelle chargée de réviser le projet voté précédemment.

des dispositions insérées dans le projet précédent. Après avoir énuméré les différents ordres d'héritiers, le projet ajoute dans l'article CX « *la nation succède à celui qui n'a point de parents.* »

Enfin le troisième projet du Code civil [1] présenté par Cambacérès en messidor an IV disposait dans son article 332. Livr. I tit. VI. « *Lorsque les époux n'ont point stipulé entre eux des avantages singuliers ou réciproques, celui qui survit obtient le tiers en usufruit des immeubles qui appartiennent au prédécédé.* »

---

1. C'est devant les corps législatifs créés par la constitution dictatoriale que fut présenté ce projet. Au conseil des cinq-cents quelques séances furent consacrées à son examen : mais le 18 Brumaire empêcha la discussion d'aboutir.

CINQUIÈME PARTIE

LÉGISLATION MODERNE

PRÉLIMINAIRES

Arrivé à l'examen de la législation moderne qui constitue la partie la plus importante de notre étude, nous aurons d'abord à considérer le droit successoral entre époux, tel qu'il a été réglé par le Code civil. Après avoir constaté les critiques soulevées à cet égard, il nous faudra étudier, sous l'empire de la loi du 9 mars 1891, quels sont les droits du conjoint survivant sur la succession du prédécédé.

Cette dernière loi réclamée depuis de longues années, est due à la persévérante initiative de M. Delsol ; elle a donné lieu à de longues discussions et à de nombreux rapports. Certes, si la valeur et la perfection d'une œuvre législative devait se déterminer à l'importance des travaux dont elle a été l'objet et à la durée de son élaboration, celle qui nous occupe, en ce moment, mériterait sans conteste d'être classée parmi les meilleures.

Présentée à l'Assemblée nationale en 1892, c'est seulement dans les premiers mois de l'année 1891 que la loi nouvelle est parvenue à être votée et promulguée. Durant cette longue période, elle a subi des modifications importantes ; mais si l'on considère le grand nombre d'autorités qui ont participé à sa longue élaboration, si l'on tient compte de ce que les différentes assemblées dont elle a subi l'examen, ont dû chacune y apporter une amélioration nouvelle, on est amené à penser qu'elle répondait bien à un réel besoin, et qu'elle doit en outre approcher de cette perfection relative à laquelle doit tendre le législateur.

Nous verrons que les rédacteurs du Code, tout en admettant le droit de succession entre époux, ne lui accordent qu'une importance bien relative, puisque par l'art. 767 l'époux est relégué pour ainsi dire au dernier échelon de l'ordre successoral. Et comme d'autre part, ils n'ont pas concédé au conjoint survivant qui se trouve dans le besoin, le droit de réclamer une pension alimentaire sur les biens du prédécédé, leur rigueur tout au moins apparente à l'égard de l'époux qui survit, leur a été plus d'une fois reprochée et même taxée d'imprévoyance.

Cette sévérité plus ou moins réelle a suscité le blâme de la plupart des jurisconsultes ainsi que la réprobation d'un grand nombre de publicistes ; l'on peut même dire qu'il n'est point dans notre régime successoral de matière qui ait soulevé de plus vives critiques.

Quoique les récriminations à cet égard contre les hommes éminents qui ont participé à la confection du Code civil aient été selon nous quelquefois exagérées, — car en définitive la lacune signalée n'entraînait pas en pratique, aussi souvent que certains ont bien voulu le dire, les conséquences fâcheuses qu'on s'est complu parfois à souligner et à développer, — il est cependant juste de reconnaître que l'œuvre du législateur de 1804 méritait en partie tout au moins les critiques qui lui étaient adressées et qu'elle demandait à être modifiée sur ce point particulier.

La loi récente est donc venue combler une lacune et suivant même un grand nombre de commentateurs, ainsi que nous le constaterons bientôt, elle ne ferait que se conformer aux intentions et revenir à la pensée intime des rédacteurs du Code, laquelle aurait été fausse à la suite d'une erreur de Treihard dont nous aurons l'occasion de reparler, ainsi que d'en examiner la portée.

LIVRE I

Droit successoral entre époux avant la loi de 1891.

TITRE I. — Système du code

§ I. — *Art. 767 C. civil. Critique et appréciation.*

Le droit successoral entre époux est consacré dans l'art. 767 aux termes duquel « *Lorsque le* « *défunt ne laisse ni parents au degré successible,* « *ni enfants naturels, les biens de sa succession* « *appartiennent au conjoint non divorcé*[1] *qui lui* « *survit.* »

Quelles sont les effets d'une pareille disposition? Ils sont faciles à déduire.

L'article 755 déclarant héritier tous les parents

---

1. « Non divorcé. » Cette qualification existait déjà dans le texte de 1804 ; disparue en 1816 avec la loi du 8 mai abolissant le divorce, elle reprenait son application à partir de la loi du 27 juillet 1884 qui rétablit le divorce dans notre code.

jusqu'au douzième degré, il faudra pour que l'époux survivant puisse profiter du droit qui lui est reconnu, qu'il ne se présente au décès du *de cujus* pour recueillir ses biens, ni parents légitimes jusqu'au douzième degré, ni parents naturels appelés par la loi à la succession.

Nous disons : ni parents naturels appelés par la loi à la succession ; car la dernière partie de la formule de l'art. 767 est inexacte, ou plutôt incomplète. Cet article, tel qu'il est rédigé, a évidemment en vue l'hypothèse, la plus ordinaire en effet, où le défunt était enfant légitime ; alors il est vrai de dire que le conjoint survivant est exclu par les héritiers légitimes et les enfants naturels[1], en y ajoutant toutefois la condition que ces derniers soient reconnus avant le mariage[2].

Au contraire, le défunt était-il enfant naturel ? le conjoint survivant est primé non seulement par les héritiers légitimes (c'est-à-dire dans le cas présent la postérité légitime) et les enfants naturels[3], mais encore : 1° par les père et

---

1. Ou même leurs descendants légitimes, car aux termes de l'art. 759 ceux-ci ont les mêmes droits que leur père. Aubry et Rau, t. VI, § 605, p. 331. — Demolombe, t. II, n° 68, et t. III, n° 78 bis.

2. En effet d'après l'art. 337 civ. s'il s'agit d'un enfant naturel que le *de cujus* avait en avant son mariage d'un autre que de son conjoint, la reconnaissance faite pendant le mariage ne peut nuire à ce conjoint. — Cass., 28 mai 1873 et 8 mai 1878. (Sir., 79, 1, 337).

3. Bigot Préameneu avait exprimé l'avis au Conseil d'Etat que le

mère naturels (art. 765) du défunt (pour tous les biens laissés par lui) ; 2° art. 766, par les frères et sœurs naturels, enfants illégitimes, ou leurs descendants légitimes (pour tous les biens aussi). L'on pourrait même ajouter : 3° par les frères et sœurs naturels, enfants légitimes ou leurs descendants légitimes, qualifiés par l'art. 766. de frères et sœurs légitimes, (pour les biens provenant de l'auteur commun).

Le conjoint survivant n'est donc jamais préféré aux parents fussent-ils naturels ; il ne concourt même pas avec eux.

Elles seront rares les successions où il ne se rencontrera pas un héritier ou parent quelconque pour venir la recueillir et exclure l'époux. Aussi peut-on dire que ce dernier ne succède que lorsqu'il est impossible de trouver un autre successeur que le fisc. Placé à l'avant-dernier échelon de l'ordre successoral, il n'y a en effet que l'Etat qui ne lui soit pas préféré.

Dans la réalité des choses, les époux par le rang pour ainsi dire illusoire — on a même dit dérisoire — qui leur est attribué, ne sont-ils pas en fait exclus de la succession l'un de l'autre ?

Cette défaveur imméritée, disait-on, entraînait des résultats choquants et regrettables à tous égard.

Supposez en effet un mariage entre deux personnes de situation pécuniaire très différente ; le mari occupe une position élevée, il est riche tandis que la femme n'a pas de fortune ; celle-ci après avoir vécu au milieu du bien être et quelquefois de l'opulence, pourra se trouver réduite à la gêne et même à la misère après la mort de son mari. Ces biens dont elle a joui pendant la durée de l'union conjugale, cette fortune qu'elle a contribué à conserver et souvent à faire prospérer, tout cela s'en ira aux mains de parents peut-être très éloignés du de *cujus*, que celui-ci pouvait ne pas connaître et pour lesquels, en tous cas, son affection était certes des plus limitée.

Un tel résultat était assurément fâcheux à tous égards, mais devait-il se produire dans des circonstances fréquentes ? C'est-ce qu'il est permis de constater. Aussi croyons-nous pour l'honneur des rédacteurs du Code civil que les reproches qui leur ont été adressés à ce sujet, tout en contenant une part de vérité, ont été souvent exagérés.

Et d'abord le régime de communauté que la loi favorise pouvait, sous presque toutes ses modalités, aboutir dans une mesure plus ou moins large, à faire participer l'époux survivant à la fortune de son conjoint, et lui permettait indirectement par la liquidation de la masse commune, de recueillir en quelque sorte une part de la succession.

La liberté des conventions matrimoniales que favorise également le Code ne permettait-elle pas d'autre part aux époux de se faire des libéralités dans le contrat de mariage et d'assurer ainsi l'avenir du conjoint le moins fortuné, en dehors même des clauses spéciales qui donne le droit au moins riche de participer à la fortune du plus riche.

Bien plus, pendant la durée même de l'union conjugale, le Code ne reconnaît-il pas aux époux la faculté de se faire des libéralité entre vifs ou testamentaires dans la limite de la quotité disponible des art. 1094 et 1098, libéralités qui auront l'avantage de pouvoir être révoquées puisqu'elles ne font pas partie des convention matrimoniales.

L'époux riche aura donc la possibilité d'assurer par des dispositions formelles l'avenir de son conjoint pour le cas où il prédécéderait.

Voilà donc bien des correctifs au système de l'art. 767 du Code civil et qui devaient en pratique en atténuer considérablement les conséquences fâcheuses qu'on était tenté de lui attribuer au premier abord.

Mais, malgré ces correctifs, le système de l'art 767 pouvait encore prêter le flanc à des critiques qui ne manquaient pas de justesse.

Et d'abord si le régime de communauté paraît le régime favori du Code, il n'en subsiste pas moins d'autres, comme les régimes exclusifs de communauté, la séparation de biens et le régime dotal qui s'opposent à toute transmission durable de la fortune de l'époux le plus riche à l'époux le plus pauvre, et à tout partage des biens acquis pendant le mariage. Ce sont des régimes durs pour le survivant pauvre. D'ailleurs l'adoption du régime de communauté ne préviendrait les inconvénients du système du Code, qu'en cas où l'association conjugale aurait été fructueuse ; dans le cas contraire à la dissolution de la communauté il n'y aura rien ou presque rien à partager et le survivant pourra encore se trouver réduit à une situation des plus précaires.

Ce régime de communauté est-il si universellement pratiqué bien qu'il soit de droit commun ; n'est-il pas le plus souvent réduit aux acquîts ? Au reste, en supposant même qu'il soit adopté, il peut se faire que la fortune des époux soit purement immobilière et échappe ainsi aux effets de la communauté.

Dira-t-on d'autre part : les époux pouvaient se

faire des libéralités, soit par contrat de mariage, soit pendant la durée de l'union conjugale en employant la forme de la donation entre vifs ou du testament.

Cette observation est exacte. Mais la possibilité de se faire de telles donations ne prouve pas que les époux s'en servent toujours. Les contrats de mariage qui se font la plupart du temps sous l'inspiration des parents des futurs époux contiennent-ils si souvent des dispositions libérales, et la famille de l'époux le plus riche est-elle toujours portée à se préoccuper d'assurer l'avenir du moins fortuné ?

Quant aux donations pendant le mariage, la mort a pu surprendre l'époux avant qu'il ait eu le temps de réaliser ses intentions libérales. Sans parler de la répugnance qu'éprouvent certaines personnes à faire leur testament, l'époux jeune et dans la force de l'âge, songera-t-il souvent à prendre ses dispositions testamentaires. Le pouvoir pour le *de cujus* d'assurer par une disposition testamentaire le sort du survivant serait-elle donc toujours mis à profit?

Or, qu'est donc la succession *ab intestat* déterminée par le Code civil, si ce n'est le testament présumé par le défunt ? La vocation *ab intestat* a précisément pour objet de faire par avance l'office du testateur dans le cas où celui-ci, pour une raison ou pour une autre, par oubli, négligence ou impossibilité, ne s'en est pas acquitté.

Dans l'exposé des motifs de la loi sur les successions, les rédacteurs du Code disaient eux-mêmes. « Vous concevez, législateurs, combien il importe de se pénétrer de toutes les affections légitimes et naturelles lorsqu'on trace un ordre de succession : la loi présume que ceux qui meurent sans avoir disposé n'ont d'autre volonté que la sienne ; elle doit donc prononcer comme le défunt eût prononcé lui-même au dernier instant de sa vie, s'il eut pû ou voulu s'expliquer. »

Si tel est bien le principe sur lequel se fonde le législateur pour déterminer l'ordre des successions *ab intestat*, était-il logique de reléguer le conjoint après toute la parenté légitime, fût-elle au douzième degré, et même après la parenté naturelle ! N'était-ce pas méconnaître directement les sentiments d'affection qui puisent leur source dans le lien conjugal ?

C'est pourquoi, si pour les causes multiples dont nous venons de parler, le système du Code n'entraînait peut-être pas en pratique les conséquences fâcheuses qu'on voulait lui attribuer, il est cependent juste de reconnaître que par le rang éloigné et presque illusoire attribué au conjoint survivant

sur la succession du prédécédé, il n'était en rapport, comme on l'a dit, ni « avec la haute considération dont on voulait entourer le mariage » ni
surtout avec la volonté présumée du défunt qui est
la cause et la mesure de la vocation *ab intestat.*

§ II. — *Travaux préparatoires — Intentions du législateur
de 1804.*

Au reste, cette sévérité à l'égard du conjoint survivant est-elle bien conforme aux véritables intentions des rédacteurs du Code, c'est ce que contes-
tent la plupart des commentateurs en s'appuyant
sur le procès-verbal de la séance du Conseil d'Etat
du 9 Nivôse an XI (30 décembre 1802).

Voici ce qu'on lit dans Fénet [1] (Trav. préparat.
du Code civil, t. XXII, p. 38) : « Les articles 55 à
60 du projet (767 à 773 du Code) sont adoptés.

« M. Maleville observe qu'on a omis, dans ce
chapitre IV des successions irrégulières, une disposition reçue par la jurisprudence qui donnait
une portion à l'époux, lorsqu'il était pauvre et ne
recueillait pas la succession.

« M. Treilhard répond que, par l'art. 55, on lui
accorde l'usufruit d'un tiers des biens. »

Il est certain que la réponse de Treilhard conte-

1. V. également Locré, t. X, p. 101 et 103.

nait une double erreur ; d'abord une erreur dans
le numéro de l'article cité qui n'a aucun rapport
à la question soulevée.

L'article 55 du projet (768 du Code) disait « *à
défaut de conjoint, la succession est acquise à la
République.* »

En second lieu l'article visé qui était l'article 40
(aujourd'hui 764 du Code) disposait « dans le cas
de l'article précédent le père ou la mère survivant
a l'usufruit du tiers des biens auxquels il ne succède pas en propriété. » Cet article se réfère à une
succession, où le *de cujus* a laissé en mourant, dans
une ligne son père ou sa mère, et dans l'autre ligne
des collatéraux ordinaires ; le père ou la mère,
outre la moitié en propriété qui lui revient, a droit
à l'usufruit du tiers de l'autre moitié, c'est-à-dire
l'usufruit du sixième de l'héritage. Tout était donc
erroné dans la réponse faite à l'observation de
Maleville.

Cette inadvertance n'ayant été relevée par aucun des membres du Conseil d'Etat, l'époux survivant aurait été ainsi privé d'un usufruit que les
rédacteurs du Code civil avaient eu la pensée et la
conviction de lui avoir accordé. Nous nous trouve-
rions donc en préserve d'un oubli, d'une erreur in-
volontaire et une modification du Code sur ce point
particulier, bien loin d'ébranler et de bouleverser

l'œuvre du législateur de 1804, ne pouvait être qu'un parachèvement et un retour à ses véritables intentions.

Telle est du moins l'explication pour ainsi dire classique du peu de protection que le conjoint survivant trouve dans les dispositions successorales du Code civil.

Quoique la question ne présente plus aujourd'hui qu'un intérêt historique, il nous sera permis d'élever quelques doutes sur l'exactitude de cette opinion générale qui voit dans l'erreur de Treilhard le véritable motif ayant empêché la réclamation de Maleville d'aboutir.

Il nous semble que les rédacteurs du Code ont été par trop accusés de légèreté à ce sujet[1].

En effet quand cette réclamation de Maleville s'est produite au Conseil d'Etat, des considérations sérieuses militaient tout au moins en faveur de l'ajournement de la question ; en tout cas il pouvait sembler logique de remettre à plus tard le règlement des droits du conjoint survivant.

A ce moment, le titre des donations et des testaments n'était pas encore voté ; l'on n'était donc pas encore d'accord sur les principes qui seraient déclarés applicables aux dispositions entre

---

1. M. Laurent leur reproche à cet égard « une légèreté d'esprit ou une ignorance inexcusable. » 8. Laurent, t. IX, p. 184.

vifs et testamentaires, pas plus qu'on ne savait comment ces principes se combineraient entre eux.

L'examen de la question de savoir quelle serait la quotité disponible entre époux n'avait pas eu lieu ; les règles sur les donations par contrat de mariage ou sur les donations entre vifs faites par les époux pendant la durée de l'union conjugale, n'étaient pas davantage arrêtées.

Bien mieux, aucune disposition sur le contrat de mariage n'était encore adopté par le Conseil d'Etat, puisque ce titre n'était pas encore venu en discussion. On aurait pu dès lors admettre que des règles spéciales sur le douaire ou préciput légal ou conventionnel suffiraient à remplacer plus ou moins avantageusement l'ancienne législation sur les droits du conjoint survivant.

C'est pourquoi il nous semble que l'incident qui s'est produit lors de la discussion du Code n'a pas l'importance qu'on a voulu lui donner.

Au reste, Maleville ne réclamait pas d'une façon générale l'établissement d'un droit de succession héréditaire au profit du conjoint survivant, mais rappelait seulement, comme une tradition à conserver, l'ancienne jurisprudence qui lui donnait une pension lorsqu'il était pauvre et ne recueillait pas la succession.

Pour nous, ce n'est pas dans la réponse erronée de Treilhard, consignée d'une façon laconique au procès-verbal et n'ayant été l'occasion d'aucune observation de celui qui la posait, qu'il faut chercher la preuve de l'esprit de la loi.

Nous serions donc plutôt portés à croire que c'est bien par une règle volontairement appliquée et non par l'effet d'une méprise que les rédacteurs du Code civil ont attribué la succession à la parenté légitime et à la parenté naturelle avant de songer à la donner au conjoint survivant.

Les orateurs chargés d'exposer les motifs du projet, n'indique-t-ils pas eux-mêmes les raisons qui justifient le système à leurs yeux.

« Le conjoint survivant, disait Siméon, quelqu'étroit que fût le lien qui l'unissait avec le défunt, appartient à une famille étrangère » et l'orateur du Tribunat ajoute que es époux peuvent se donner « tels témoignages d'amitiés qu'ils veulent [1]. »

N'est-ce pas plutôt là qu'il faut chercher la véritable pensée du législateur plutôt que dans les paroles échangées dans le cours de la discussion?

§ — III. *Opinion des auteurs.*

Il faut reconnaître que les critiques contre les

1. V. Siméon. Discours n° 26. (Locré, t. V, p. 137) et Fenet, xii, p. 232.

décisions du Code civil sur les droits du conjoint survivant et le droit successoral entre époux n'ont pas mis longtemps à se produire.

En rendant compte des discussions préparatoires du Code, Maleville fait déjà remarquer que si le conjoint survivant n'a pas d'enfants de l'époux prédécédé auxquels d'après l'art. 205 il puisse réclamer des aliments « il se trouvera réduit à la misère en face d'héritiers opulents [1]. »

On lit d'autre part dans M. Demolombe. « Il est toutefois un reproche qu'on peut adresser à notre Code. Nous voulons parler de la position qu'il a faite à l'époux survivant vis-à-vis de la succession de son époux prédécédé. Nous croyons aussi qu'il y a là une imperfection et une lacune regrettable [2]. »

---

1. Maleville. *Analyse raisonnée du Code civil.* 3e éd. t. II, p. 213 et 220. — Delvincourt, t. II, p. 68. Maleville, il est vrai, pour remédier à cette situation, admet malgré le silence du Code que « *l'égalité et l'honneur autorisent suffisamment les tribunaux à se conformer à l'ancienne jurisprudeaee, le Code n'ayant statué que sur la propriété.* » — Mais cette doctrine toute équitable qu'elle fût ne fit pas fortune et resta isolée. C'est qu'elle donnait ainsi aux tribunaux le droit d'établir une créance alimentaire en dehors de celles reconnues par la loi. On ne se représente pas bien une décision judiciai restatuant en ces termes « attendu que l'équité et l'honneur exigent...

M. Troplong est encore moins juridique et ne se place qu'au point de vue du sentiment quand il s'écrie à ce sujet. « *Les héritiers d'un homme riche laisseraient-ils sa veuve traîner dans la pauvreté une vie honorable ! Les tribunaux n'auraient-ils pas le droit de les contraindre à remplir un devoir pieux envers la mémoire de celui dont ils détiennent les biens ?* »

2. Demolombe, t. XIII, p. 489.

Et l'auteur ajoute plus loin qu'il y a encore dans le Code « une seconde lacune encore bien plus fâcheuse, car non seulement il n'accorde au conjoint survivant nulle vocation héréditaire en concours avec aucun des successeurs légitimes ou naturels, mais il ne leur accorde, même en aucun cas, le simple droit de réclamer des aliments contre la succession de son conjoint prédécédé. Et s'il n'a pas de ressources personnelles, il faudra donc qu'il tombe brusquement dans un état de gêne et de pauvreté en face d'héritiers enrichis peut-être par la fortune de son conjoint [1]. »

De telles conséquences, s'écrie le savant auteur, « ne sont-elles pas véritablement blessantes pour les susceptibilités les plus légitimes de notre cœur, non moins que pour la dignité du mariage. »

Ces seules citations suffisent à nous montrer quelle était la tendance des auteurs sur ce point particulier du Code civil et prouvent que la doctrine a toujours été unanime pour réclamer en faveur de l'époux survivant.

Ces réclamations réitérées sont-elles toujours restées à l'état de vœu plus ou moins platonique ; avant même de préparer la réforme que

1. Demolombe, t. XIV, p. 255. — V. aussi Aubry et Rau, t. VI, p. 336. — Dalloz, rép. alph. mot succession, chap. i, n° 41. — Laurent, t. IX, n° 154 à 158.

constitue la loi du 9 mars 1891, n'ont-elles pas déjà exercé une bienfaisante influence dans la rédaction de plusieurs lois spéciales votées depuis la promulgation du Code civil?

A cet égard M. Boubeau, président de la commission chargée d'examiner la proposition Delsol disait dans son discours au Sénat que si le Code civil n'accorde à la veuve que certains droits de viduité bien restreints, il y avait dans l'esprit des législateurs qui ont établi des dispositions nouvelles depuis 1804 « comme une sorte d'obsession qui les portait à établir partout où l'occasion s'en présentait, un droit analogue à celui qui existait autrefois [1]. »

Un rapide examen de ces différentes lois votées depuis le commencement du siècle, nous fera comprendre la portée de cette observation et pourra la justifier tout au moins dans une certaine mesure.

[1]. V. J. off. du 7 mars 1877, p. 1744.

TITRE II. — LOIS POSTÉRIEURES AU CODE

CHAP. I. — *Décret du 1ᵉʳ mars 1808 sur les majorats.*

Peu de temps après la promulgation du Code civil qui avait renouvelé l'abolition des substitutions, consacrée déjà par le droit intermédiaire, Napoléon, pour consolider le rétablissement des titres héréditaires, était venu, en créant les majorats, apporter une dérogation grave à l'ordre légal des successions.

Le majorat, en effet, est une substitution perpétuelle, se transmettant de mâle en mâle et par ordre de primogéniture, avec le titre héréditaire. On en distingua de deux sortes : Les uns, majorats « de propre mouvement » étaient constitués avec des biens du domaine extraordinaire de la couronne et créés en faveur de ceux qui avaient rendu de grands services à l'Etat. Les autres, désignés sous le nom de majorats « sur demande » étaient créés par les particuliers, avec leurs propres biens, et après autorisation de l'Empereur.

Les articles 48 et 49 du décret du 8 mars 1808

accordent à la veuve du titulaire d'un majorat une pension viagère prélevée sur les revenus du majorat.

La quotité de ce droit variait suivant que le majorat subsistait au profit d'un descendant mâle, ou s'éteignait faute de postérité masculine. Au premier cas, elle était du tiers des revenus du majorat ; elle était de moitié dans le second.

Mais la pension n'était jamais due que si les revenus personnels de la veuve étaient inférieurs à ce tiers ou à cette moitié. En cas d'infériorité, il y avait toujours lieu de compléter les revenus personnels jusqu'à concurrence de la quotité précitée.

Le divorce anéantissait le droit de la femme ; la veuve ne pouvait non plus contracter un second mariage sans perdre son droit à pension, à moins qu'elle n'eût obtenu l'autorisation de l'Empereur. Le décret était muet sur l'effet de la séparation de corps ; comme il était impossible de suppléer à ce silence, ou en concluait que la séparation de corps même prononcée contre la veuve ne faisait pas perdre le droit à pension.

Plus tard en 1812 un autre décret vint décider que lorsque le titulaire d'un majorat de propre mouvement décéderait sans enfants mâles, la veuve ne pourrait recevoir de pension qu'à titre exceptionnel et par décret spécial. En aucun cas, la pension ne pouvait être supérieure à 200.000 francs, ni dépasser le tiers de l'ancien revenu lorsque la veuve avait des filles ou descendants de filles, ou le quart dans le cas contraire.

Les majorats de l'Empire furent maintenus sous la Restauration ; il en fut même créé de nouveaux pour être affectés à la pairie héréditaires. Mais les ordonnances des (24 août, 7 octocre 1818, 10 février 1824, 21 juin 1829, qui décidèrent ces créations ne contiennent aucune disposition spéciale pour les veuves.

Sans nous étendre davantage sur cette institution, rappelons que la loi du 12 mai 1835 interdit pour l'avenir la création de nouveaux majorats. Elle limite à deux degrés l'institution non comprise, la transmission des majorats sur demande, mais laissa subsister les majorats de propre mouvement. Le droit des veuves fut aussi respecté.

Enfin la loi du 7 mai 1849[1] qui laissa subsister, comme la loi de 1835[2], les majorats de propre mouvement, vint limiter, pour les majorats sur demande, le droit de transmission aux seuls appe-

1. Cette loi est la dernière sur la matière ; au surplus, il ne rest plus au,ourd'hui qu'un très petit nombre de majorats de propre mouvement ayant encore un titulaire.

2. Loi du 12 mai 1835 interdit pour l'avenir tonte institution de nouveaux majorats.

lés nés ou conçus au moment de sa promulgation.

Le droit des veuves était reconnu implicitement, car l'article 7 le soumettait au droit fiscal
de transmission d'usufruit.

Chap. II. — *Loi du 9-13 juin 1853 sur les pensions civiles..*

La loi de 1853 qui regit la généralité des pensions civiles doit également être citée. Elle a
remplacé, en les coordonnants toutes la dispositions diverses qui réglementaient les pensions
dues à des fonctionnaires de l'ordre civil.

Aux termes de l'article 13, la veuve du fonctionnaire qui a obtenu une pension de retraite en vertu
de la présente loi ou qui a accompli la durée des
services exigée par l'art. 5, c'est-à-dire 60 ans
d'âge et 30 ans de service, a droit à une pension
à la condition que le mariage ait été contracté six
ans avant la cessation des fonctions du mari.

La pension de la veuve est du tiers de celle que
le mari avait obtenue ou à laquelle il aurait eu
droit.

Elle ne peut être inférieure à cent francs

sans toutefois excéder celle que le mari aurait obtenue ou pu obtenir.

L'article 14 énumère les autres veuves qui, en dehors de l'article 13, ont droit à pension. Ce sont : 1° la veuve du fonctionnaire ou employé qui, dans l'exercice ou à l'occasion de ses fonctions, a perdu la vie dans un naufrage ou dans l'une des cas spécifiés par le paragraphe 1er de l'art. 11, soit immédiatement, soit par suite de l'évènement ; 2° la veuve, dont le mari aura perdu la vie par un des accidents prévus au paragraphe 2 de l'art. 11, ou par suite de cet accident.

Le taux de la pension de la veuve est alors fixé différemment selon les cas. Est-on dans le cas du 1er paragraphe de l'art. 14 ? la pension est des deux tiers de celle accordée au mari ; est-on dans celui du 2e paragraphe ? elle n'est que du tiers de la pension à laquelle le mari avait droit en vertu du paragraphe 2 de l'art. 12 :

Nous avons vu que dans l'hypothèse prévue par l'art. 13, la femme pour avoir droit à une pension, devait être mariée depuis six ans, quand arrivait la cessation des fonctions du mari. Mais cette condition n'étant plus exigée par l'art. 14 ; il suffit donc, dans le cas prévu par cet article, que le mariage soit antérieur à l'événement qui a donné ouverture à la pension du mari ou qui a causé sa mort.

La femme perd, par la séparation de corps, son droit à pension, quand cette séparation est prononcée contre elle. De même, lorsque le mari meurt en activité de service avant d'avoir accompli la durée de service exigée par l'article 5, sa veuve n'a rien à prétendre. Mais le convol de la veuve ne lui fait pas perdre son droit à pension.

Pour terminer, remarquons que ce droit de la veuve à une pension, lorsque son mari a exercé une fonction rétribuée par l'Etat, n'admet par la réciprocité et que le mari, veuf d'une femme ayant exercé une fonction semblable, n'aurait aucun droit.

CHAP. III. — *Loi du 14 juillet 1866 sur la propriété littéraire et artistique.*

Plusieurs arrêts de la fin du xviiie siècle (entre autres ceux du 8 août 1787 et du 30 juillet 1778) sont relatifs aux droits des auteurs ; mais la propriété littéraire n'était guère consacrée sous l'ancien régime que si le roi était intervenu en accordant un privilège.

Les lois de la période intermédiaire vinrent déclarer que les œuvres de l'esprit ne pouvaient constituer une propriété perpétuelle et décidèrent

que ces œuvres, par leur publication, tombaient
dans le domaine public (art. 2, loi du 19 janvier
1791). Mais la jouissance en était réservée à l'auteur pendant toute sa vie et à ses héritiers ou ces-
sionnaires pendant cinq ans après son décès (art.
5 de la même loi).

Ce n'est qu'en 1810 que le législateur s'occupe
de régler les droits du conjoint survivant sur les
œuvres de l'époux prédécédé. Et encore le décret
du 5 février 1810 ne donne-t-il des droits qu'à la
veuve et passe-t-il sous silence le mari veuf d'une
femme auteur.

L'art. 39 du décret en question reconnaît à l'auteur un droit exclusif pendant sa vie et accorde
le même droit à sa veuve si ses « conventions
matrimoniales lui en donnent le droit » [1]. Ce
n'était qu'au décès de la veuve que les enfants
du *de cujus* pouvaient venir réclamer leur droit
de jouissance et le conserver pendant 20 ans.

La loi actuelle du 14 juillet 1866 porte la durée
du droit de jouissance des héritiers ou des autres

---

1. On a beaucoup discuté sur la portée de ces expressions, les uns
soutenant que le régime de communauté impliquait par lui-même le
droit pour la veuve à la propriété littéraire, les autres ne lui accordant ce droit qu'autant qu'il lui était expressément assuré par contrat de mariage ; c'est la première opinion qui avait fini par prévaloir.

successibles à cinquante ans à partir du décès de l'auteur. Ce délai s'applique aussi à l'époux survivant, de sorte qu'un conjoint très jeune peut voir son droit s'éteindre de son vivant.

Par une innovation importante sur le décret de 1810, le droit de jouissance sur la propriété littéraire n'est plus donné à la veuve seulement; dorénavant il appartient aussi au mari veuf d'une femme de lettres.

Ce droit de jouissance de l'époux survivant qui est en somme un véritable droit d'usufruit [1] est reconnu, indépendamment du régime matrimonial adopté [2]. Il ne constitue pas une réserve et ne

1. Le législateur de 1866 n'a pas voulu employer le mot d'usufruit pour laisser intacte la question de savoir si le droit des auteurs est un véritable droit de propriété. C'est pour la même raison que l'expression de propriété littéraire ne figure pas dans la loi.

2. C'est pour marquer la différence avec le décret de 1810 qui n'accordait de droit à la femme que quand elle avait été mariée sous le régime de la communauté. V. Pouillet *propriété littéraire et artistique* n° 184).

Il n'y a pas lieu de discuter ici la question très controversée en doctrine sur la nature du droit qui est attribué au conjoint d'un auteur. Ce droit constitue t-il une valeur mobilière et se trouve-t-il par suite compris dans l'actif de la communauté, ou constitue-t-il au contraire un droit propre de l'auteur que celui-ci ou ses héritiers auraient le droit de prélever avant tout partage de la communauté.

C'est la première solution qui a été adoptée par la jurisprudence. V. Jugement du tribunal civil de la Seine du 18 janvier 1878, confirmé par arrêt de la cour de Paris du 18 mars 1880 (Pal. 1881, i, 83 s'ouvre qu'autant que l'auteur n'en a pas disposé ni par acte entre vifs, ni par testament.

L'époux qui a obtenu la séparation de corps conserve un droit de jouissance sur les œuvres de son conjoint qui prédécède, mais celui contre lequel le jugement est intervenu n'a plus rien à prétendre sur la propriété littéraire du prédécédé. Nous sommes en présence d'un cas d'indignité ou plutôt d'une sorte de révocation pour ingratitude, fondée sur la présomption que le *de cujus*, après avoir obtenu la séparation de corps, n'avait plus l'intention d'accorder aucun avantage successoral au conjoint coupable.

Quand l'époux survivant se remarie, il perd également son droit de jouissance.

CHAP. IV. — *Loi des 25 mars 1873 sur la condition des députés à la Nouvelle-Calédonie.*

Cette loi de 1873 est destinée à déterminer dans quelles conditions les condamnés à la déportation subiront désormais leur peine [1].

et note de M. Lyon-Caen) ; ce système a été consacré par la Cour de Cass., dans un arrêt du 16 août 1830.

1. Les condamnés à la déportation simple pouvaient obtenir des concessions de terre immédiatement dès leur arrivée dans la colonie, tandis que les condamnée dans une enceinte fortifiée ne pouvaient

Elle a surtout pour objet d'admettre les déportés de la Nouvelle-Calédonie à la jouissance et à l'exercice d'une partie des droits civils que la peine de la déportation leur enlève en principe. Son but est aussi d'encourager les femmes des déportés à rejoindre leurs maris dans la colonie pénitentiaire.

Au point de vue successoral, la veuve, si elle habite avec son mari dans le lieu de la déportation, comme le mari s'il a suivi sa femme déportée [1], succèdent à la moitié tant de la concession que des biens acquis dans la colonie. S'il n'y a pas d'enfants ou de descendants, le droit du conjoint survivant est de moitié en propriété ; il est d'un tiers seulement en usufruit dans le cas contraire.

Le droit de disposer entre époux est en outre concédé par dérogation à l'article 16 de la loi et à celle du 31 mai 1864. On a fait remarquer qu'on arrivait ainsi à donner à cette femme ou à ce mari l'équivalent en quelque sorte d'une réserve puisque le déporté ne peut disposer en faveur d'un autre que de son conjoint.

obtenir de concession qu'après cinq années de bonne conduite. Les concessions, toujours accordées à titre provisoire, devenaient définitives après ces cinq ans.

1. L'article 14 déclare formellement que la loi s'applique aux maris des femmes déportées, quoique dans la discussion ce sont toujours des femmes dont on se soit préoccupé.

CHAP. V. — *Loi du 20 juillet 1886 sur la caisse des retraites pour la vieillesse*

Mentionnons enfin la loi du 20 juillet 1886 qui modifie celle du 18 juin 1850, et dont l'article 13 dispose que le versement fait pendant le mariage, par l'un des conjoints, profite séparément à chacun d'eux pour moitié. Peut néanmoins profiter à celui des conjoints qui l'effectue, le versement opéré après que l'autre conjoint a atteint le maximum de rente ou après que les versements faits dans l'année au profit exclusif de celui-ci, soit antérieurement au mariage, soit par donation, ont atteint le maximum des versements annuels.

Le déposant marié qui justifiera, soit de sa séparation de corps, soit de sa séparation de biens contractuelle ou judiciaire, est admis à effectuer des versements à son profit exclusif.

CHAP. VI. — *Esprit des lois précédentes.*

Que de ces différentes lois résultent pour le conjoint survivant et surtout pour la veuve une situation préférable à celle que lui faisait le Code civil, cela n'est pas douteux. Mais il ne faudrait pas voir, selon nous, dans la plupart d'entre elles, une idée de critique dirigée contre la loi générale et la pensée de vouloir réformer l'œuvre du législateur de 1804.

Comme nous le constaterons bientôt, les auteurs de la loi de 1856 étaient partisans d'une réforme générale destinée à augmenter les droits de l'époux dans la succession du survivant prédécédé ; ils estimaient que le système du Code sur ce point spécial était insuffisant.

Mais quand le décret de 1808, quand la loi de 1873 accordent l'un à la veuve du titulaire du majorat un droit d'usufruit sur les biens constitutifs de ce majorat, l'autre au conjoint qui a suivi le condamné dans le lieu de la déportation, un droit de propriété ou d'usufruit sur une partie de la succession du *de cujus,* le législateur obéissait plutôt à une pensée de faveur fondée sur des raisons particulières.

La femme du titulaire du majorat portait un nom illustre, le défunt avait rendu des services signalés à l'Etat, c'est en souvenir de cette renommée, c'est en considération de cette gloire passée que la veuve obtiendra la jouissance d'une partie des biens du majorat. Le rang auquel cette femme avait été élevé par son mariage, elle devra et pourra dès lors le conserver pendant son veuvage après la mort de son mari.

Quant à celle qui n'a pas voulu abandonner l'époux condamné, qui a consenti à le suivre dans l'exil de la déportation pour habiter avec lui, c'est en considération de son courage et de son dévouement que le législateur est venu lui reconnaître des droits spéciaux sur la succession de son mari, c'est une récompense, une sorte d'encouragement pour celle qui, comme le disait éloquemment Jules Favre à l'Assemblée Nationale « est allée rejoindre son mari dans le lieu de l'expiation, s'est exilée avec lui rompant tous les liens de la parenté et ses attaches naturelles ; qui l'a encouragé dans ses fatigues et ses misères, en les partageant, l'a préservé des mauvaises pensées et a été enfin auprès de lui la condition de l'espérance et du retour vers le bien : »

Veut-on choisir un autre exemple ? Pourquoi la veuve du fonctionnaire, obtient-elle une part de la pension gagnée par son mari, si ce n'est encore en souvenir des services rendus par celui-ci et parce que, comme le disait la loi de 1790 qui proclame la dette de l'Etat envers ses fonctionnaires, il est juste « de récompenser les services rendus au corps so-

cial, lorsque leur importance et leur durée méritent
ce témoignage de reconnaissance.

On a voulu en quelque sorte dédommager la
femme qui a consenti à unir sa destinée à cet homme
dont le traitement constituait peut-être les seules
ressources et qui, en se consacrant au service de
l'Etat, renonce par là même à augmenter sa fortune par l'exercice de toute autre profession dont les
émoluments eussent souvent été pour lui plus
avantageux quoique plus aléatoires.

N'est-ce pas également dans la même pensée
qu'une pension est accordée aux veuves de mili-
taires et de marins ? Ne s'agit-il pas encore ici
d'assurer l'avenir des femmes qui s'unissent à ceux
dont la mission est de se consacrer à la défense du
pays ?

Le Code civil se fut-il montré plus favorable à
l'égard du conjoint survivant, que les dispositions
de ces différentes lois n'en auraient pas moins
conservé leur raison d'être et leur utilité. S'expli-
quant en effet par des considérations spéciales et
des motifs particuliers, il serait exagéré d'y voir
une critique directe de la loi générale prouvant
« l'obsession » du législateur de vouloir revenir
à un système et plus favorable à l'époux survivant.

TITRE III. — Législation étrangère

Sans vouloir passer en revue tous les pays d'Europe et d'Amérique, recherchons comment les principales législations ont réglé les droits successoraux du conjoint survivant.

Cet examen nous permettra de constater que le Code civil français semblait en retard sur la plupart des législations étrangères dont le plus grand nombre se préoccupait d'assurer l'avenir du conjoint survivant en lui attribuant des droits héréditaires sérieux sur la succession du prédécédé.

Il n'y a guère en effet que la Belgique et le Canton de Genève qui ont conservé le système de l'article 767 du Code de 1804.

I. — Certains pays ont conservé plus ou moins exactement les traditions du droit romain.

Grèce. Les donations et les dispositions testamentaires sont autorisées et facilitées ; mais l'époux n'est appelé à succéder qu'après tous les parents.

Bavière. Des distinctions nombreuses sont faites au sujet des droits successoraux entre époux.

En l'absence d'enfants, la loi accorde au survivant l'usufruit de la moitié des acquêts,
tandis que les apports du prédécédé et la
nue-propriété de cette moitié des acquêts vont
aux héritiers. S'il existe des enfants, la femme
survivante a droit au remboursement de sa
dot, au don de noces, à une contre dot égale
à sa dot et à une part d'enfant dans les acquêts
et le mobilier.

Le mari survivant prend tous les acquêts faits
pendant le mariage, tandis que la fortune
propre de la femme et le don de noces sont
rendus aux enfants.

Roumanie. Le mari survivant ne vient à la succession de sa femme qu'à défaut de tous parents successibles et d'enfants naturels.

Quant à la femme survivante qui est pauvre,
elle prend dans la succession de son mari, en
face de descendants, une part d'enfant, au maximum d'un tiers, et en face d'ascendants ou
de collatéraux, un quart en pleine propriété.

La Louisiane. Le conjoint survivant qui est pauvre
a droit au quart de la succession en propriété, s'il n'y a pas d'enfants, et à une part
en usufruit au maximum d'un quart, s'il se
trouve des descendants.

II. — D'autres législations accordent au conjoint l'usufruit d'une part, en présence d'enfants, et une part en propriété en présence des autres successibles.

Prusse. Il faut distinguer s'il y a eu ou non communauté.

S'il n'y a pas eu communauté, l'époux survivant prend : le quart en présence de descendants, le tiers en présence d'ascendants, de frères et sœurs ou descendants de ceux-ci au premier degré, la moitié plus les meubles meublants en présence des autres collatéraux. La femme a, en outre, droit à un *morgengabe* et à un *douaire*, et le mari à un *legs de mariage* ou à un *contrat d'héritage*.

S'il y a eu communauté, le survivant prend la moitié de celle-ci en présence d'enfants. Mais, à leur défaut, il a, sur l'autre moitié, outre la portion précédemment fixée, l'usufruit de la part qu'il n e recueille pas.

Dans les deux cas, il a droit à une réserve qui s'élève à la moitié des droits légaux qui précèdent.

Wurtemberg. L'époux survivant commun en biens a droit à un préciput, outre sa moitié de communauté. En outre, il a droit sur la succes-

sion du prédécédé à une portion dite *statutaire*,
qui consiste dans une part d'enfant, au maximum du tiers, s'il y a des descendants, et
dans la moitié en face d'autres parents jusqu'au dixième degré.

Le tiers de cette portion statutaire est *réservé*.
Il la prend, du reste, tout entière, s'il renonce
à la communauté, ou s'il a fait avec le précédé un pacte de succession.

Autriche. Le conjoint survivant a une part d'enfant en usufruit, sans qu'elle puisse dépasser
un quart, en présence d'enfants, et s'il n'y en
a pas, un quart en pleine propriété. La
femme a, en outre, un douaire, sous la condition de ne pas se remarier.

Le survivant perd son droit par la séparation
de corps prononcée contre lui. Enfin les époux
peuvent se donner tout ou partie de leurs
biens ; mais ces libéralités ne peuvent se cumuler avec le droit uccessoral.

III. — Certaines législations accordent un droit
de propriété au conjoint survivant en face d'héri-
tiérs de tous degrés.

Saxe. Le survivant en présence de descendants,
prend un quart des biens ; en face d'ascendants de frères ou sœurs ou descendants

d'eux, le tiers, et la moitié, en présence de collatéraux jusqu'au sixième degré. Au-delà de ce degré, il prend la totalité de la succession.

La portion à laquelle il est appelé est réservée. Mais il peut en être privé pour indignité, exhérédation justement motivée, séparation de corps prononcée contre lui.

Danemarck. A moins de dispositions contraires, la communauté de biens existe entre époux. A la mort de l'un d'eux, le partage se fait d'abord par moitié entre les héritiers du prédécédé et le survivant. Ce dernier a en outre une part réservée en propriété qùi est d'une part égale à celle de chaque enfant, sans qu'elle puisse excéder le quart de la succession. En l'absence d'enfants, il prend le tiers des biens.

Turquie. Chaque époux conserve sa fortune personnelle, mais le jour du mariage, le mari fait à sa femme un don matutinal. Ce don appelé *el mohour,* est conventionnel ou coutumier.

Le système successoral est assez compliqué en Turquie, à cause des nombreuses classes d'héritiers. Le conjoint survivant vient dans la première en concours avec le fils, le père et la mère, il prend un quart si c'est le mari,

un huitième seulement lorsque c'est la femme.
S'il y a plusieurs épouses légitimes, elles se
partagent ce huitième par tête.

Etats-Unis d'Amérique[1] A New-York et dans la
plupart des états, en l'absence d'enfants, la
veuve concourt avec la mère. Mais elle est
exclue par le père et les frères et sœurs. En
Géorgie et à Vermont, la veuve concourt
même avec le père du défunt. En présence
d'enfants, la veuve n'a qu'un douaire en
usufruit, comme en Angleterre dont la législa-
lation a, du reste, laissé des traces profondes
aux Etats-Unis.
La quotité de ces droits varie suivant les
états : toutefois, dans presque tous, on rencontre des dispositions analogues. Dans
l'Etat de l'Illinois, l'acte du 9 avril 1872[2],
donne à l'époux survivant, en l'absence d'enfants et de petits enfants, la moitié de la
fortune immobilière. Dans le cas contraire,
il n'a droit qu'à un tiers des biens mobiliers,
en toute propriété. A défaut de parents, il recueille la totalité de la fortune.

1. Moins la Louisiane.
2. V. Annuaire de lég. étr. 2e année. p. 81.

Russie. — Le conjoint survivant reçoit un septième des immeubles du prédécédé et un quart des meubles sans distinguer s'il y a ou non des enfants. Cette portion est réservée sur les biens patrimoniaux.

Il succède en outre à son beau-père proportionnellement à la part qui reviendrait au prédécédé.

Certains gouvernements ont aussi des statuts particuliers.

Quant aux époux mahométans, sujets russes, ils sont régis par le droit musulman : les femmes légitimes ont, à elles toutes, la huitième partie des biens, meubles et immeubles s'il y a des enfants, et le quart, s'il n'y en a pas. Elles partagent entre-elles par tête [1].

---

1. On trouvera les autres législations étrangères spécialement les plus récentes dans l'appendice.

LIVRE II

Le conjoint survivant sous l'empire de la loi du 9 mars 1891.

———

TITRE I. — Historique de la loi nouvelle

CHAPITRE PREMIER

PRÉCÉDENTS

Nous avons vu que la loi de 1866 qui régit actuellement le droit des auteurs, sur la propriété littéraire, accorde au conjoint survivant, outre les avantages pouvant résulter pour lui de la communauté, la jouissance des droits d'auteur que le conjoint prédécédé a laissé dans sa succession *ab intestat*.

Or, l'exposé des motifs de cette loi s'exprimait en ces termes. « La présomption des intentions du mari a désavoué le Code et élevé la veuve au premier rang des successeurs [1]. »

Enfin le rapport présenté au Corps législatif constate que la commission de cette assemblée applaudit à la disposition du projet « en attendant une réforme plus générale pour laquelle la commission se serait prononcée avec une énergique unanimité. »

Ainsi aux réclamations réitérées de la plupart des publicistes et des jurisconsultes, et à l'exemple de presque toutes les législations étrangères, venaient encore s'ajouter les vœux de l'opinion publique exprimés par les représentants du pays, en faveur d'une réforme sur les droits successoraux de l'époux survivant.

[1]. Collection des lois de M. Duvergier, t. LVI, p. 272, notes.

CHAPITRE II

PREMIÈRE PROPOSITION DE RÉFORME

En 1849 l'Assemblée nationale était saisie d'une proposition de loi [1] d'après laquelle le conjoint survivant devait être appelé, en cas d'indigence, [2] à la succession du prédécédé, pour une part d'enfant en usufruit, au maximum d'un quart en face de descendants, et pour un quart en propriété dans tous les autres cas. Ce droit héréditaire devait même avoir le caractère de réserve.

Mais un tel droit successoral créé au moyen d'une distinction juridique fondé sur l'état de fortune de l'héritier était peu en harmonie avec le grand principe de l'égalité civile proclamé par la Révolution.

L'on objectait du reste aux auteurs de la proposition que si leur pensée était de secourir le veuf ou la veuve tombés dans l'indigence, il suffisait de créer en faveur du survivant une pension alimentaire four-

1. Déposée par M. Bourzat et autres.
2. Le premier projet de Cambacérès donnait de même un droit de jouissance à l'époux « *nécessiteux* » même en présence d'enfants (Fénet. t. I, p. 22.

nie par la succession du prédécédé, en laissant toute latitude aux tribunaux pour la constatation des besoins du réclamant et la détermination de la quotité du droit.

Aussi la commission à l'examen de laquelle la proposition avait été soumise, conclut-elle, par l'organe de son rapporteur, M. Victor Lefranc[1], à reconnaître seulement à l'époux qui serait dans le besoin, une créance alimentaire à prendre sur la succession du défunt. La pension accordée ne devait jamais dépasser l'usufruit des biens de la portion disponible, et des précautions étaient prises pour en garantir le paiement, notamment une demande en séparation des patrimoines simplifiée.

Mais les événements politiques de l'année 1851 empêchèrent d'aboutir la proposition Bourzat, aussi bien que le projet de la commission.

---

3. V. *Revue de législation*, 1851, t. XLI, pp. 332 et suiv. — *Monit. univ.* 1851, p. 351, « nous n'avons pu comprendre, disait le rapporteur que l'indigence devint une source d'hérédité. » Accorder au conjoint un droit de succession serait méconnaître le système du Code d'après lequel le patrimoine ne peut être transmis *ab intestat* qu'aux héritiers du sang ; la faveur due à l'époux ne justifie pas un tel bouleversement. Il est impossible d'admettre une analogie suffisante entre le conjoint survivant et l'héritier du sang, à moins de renverser complètement notre système successif. Le principe sur lequel s'appuient et s'échelonnent les degrés de préférence présumée, c'est évidemment la consanguinité. Le lien conjugal peut être tout aussi sacré, tout aussi naturel, plus intime, plus immédiat : il repose sur une base toute différente. Si on mettait le droit du conjoint survivant entre les degrés de consanguinité, on en briserait la chaine, et l'on donne-

CHAPITRE III

ORIGINE DE LA LOI DU 9 MARS 1891. — PROPOSITION

DELSOL

En 1870, l'Académie des sciences morales et politiques soulevait de nouveau la question qui nous occupe, en proposant comme sujet du prix Bordin. « L'histoire de la condition juridique de l'époux survivant au point de vue du droit de succession et des dispositions entre époux. »

Les juges du concours décernèrent le prix au remarquable mémoire déposé par M. Boissonade, professeur agrégé à la Faculté de droit de Paris [1].

L'auteur, après avoir fait l'historique de la question et examiné les législations anciennes et modernes, terminait son ouvrage par des conclusions rédigées sous forme de projet de loi [2].

rait une arme puissante à ceux qui voudraient rapprocher de la cou-che le droit du fisc. » Si nous avons tenu à reproduire ce passage, c'est qu'il résume très nettement l'argumentation qui sera reprise plus tard par les adversaires de la proposition Delsol, lors de la grande enquête faite de 1873 à 1875.

1. *Histoire des droits de l'époux survivant*, mémoire couronné par l'Institut de France par G. Boissonade, professeur agrégé de la Faculté de droit de Paris.

2. V. p. 574.

Il donnait au conjoint : en présence d'héritier à réserve, l'usufruit de la quotité disponible et à défaut d'héritier à réserve, l'usufruit de tous les biens. De plus, la saisine lui était attribuée.

Le règlement des droits de l'époux survivant sur la succession du prédécédé redevenait donc un sujet d'actualité. Ainsi repris devant l'opinion publique, il ne devait pas tarder à être soumis de nouveau à l'examen du législateur.

En effet, dès 1872, M. Delsol, dont le nom peut à juste titre s'attacher à la loi nouvelle quoique son projet primitif ait subi de notables modifications, présentait une proposition de loi tendant « à modifier les droits de l'époux survivant sur la succession de son conjoint prédécédé. »

Déposée sur le bureau de l'Assemblée Nationale le 21 mai 1872, cette proposition était peu de temps après renvoyée à l'examen d'une commission spéciale [1]. Celle-ci, pour s'entourer de toutes les lumières pouvant l'éclairer sur l'opportunité et l'utilité de la réforme sur laquelle elle avait à se prononcer, pria le garde des sceaux de consulter la Cour de Cassation, les Cours d'appel ainsi que les Facultés de droit.

---

1. Journal officiel du 7 juin 1872, p. 3.821, n° 1153. — Rapport sommaire de M. Delsol le 14 juin 1872, J. off. du 17 juin 1872, p. 4.326, n° 1218.

Les résultats de cette grande enquête furent consignés dans un premier rapport de M. Humbert [1], résumant les observations des facultés de droit, et dans un second rapport de M. Sébert [2], rendant compte des observations de la Cour de Cassation et des Cours d'appel [3].

C'est ce qui permettait à M. Delsol de dire plus tard dans un de ses rapports au Sénat que « jamais une réforme dans notre législation civile n'a été précédée d'un examen plus sérieux, n'a donné lieu à des travaux préparatoires plus approfondis et n'a été approuvée par un plus grand nombre de suffrages autorisés. »

De cette grande consultation il résultait que si les facultés de droit proposaient des solutions différentes de la question, toutes cependant se montraient favorables au principe général de la réforme.

Quant aux Cours d'appel, la grande majorité

1. Rapport de M. Humbert déposé sur le bureau de l'Assemblée Nationale le 29 décembre 1876. J. off. du 16 mars 1876, p. 1842, annexe, n⁰ 3665.

2. Rapport de M. Sébert déposé le 30 décembre 1875. — J. off. du 9 mars 1876, p. 1629, annexe, no 3.671. — J. off. du 10 mars, p. 1674, 11 mars, p. 1713, 12 mars, p. 1744, 13 mars, p. 1764, 14 mars, p. 1784.

3. Il faut mentionner également plusieurs dissertations de la *Revue Critique de législation*. 1⁰ *Etude sur le projet de M. Delsol*, par M. Duverger. *Rev. critique* I, 1871-72, p. 516. — 2⁰ *Etude sur le droit du conjoint survivant* par M. Bonnet ; III, 1874-74, p. 193. — 3⁰ *Des droits du survivant sur la succession du prédécédé*, par M. Bayot, III, 1873-74, p. 423.

dix-sept sur vingt-six ayant fait connaître leur avis) était également favorable.

Au contraire, la Cour de Cassation ainsi que huit Cours d'appel, parmi lesquelles celle de Paris, s'étaient opposées à toute modification du Code sur ce point particulier.

L'expiration des pouvoirs de l'Assemblée Nationale ne permit pas à la proposition Delsol de venir en discussion. Mais son auteur, en entrant au Sénat, la reprit pour la présenter le 13 juin 1876[1] à cette nouvelle assemblée.

Sur un rapport sommaire de M. Bonafons[2], la proposition était prise en considération le 7 novembre de la même année. La commission spéciale, chargée de l'examiner, nomma comme rapporteur M. Delsol lui-même[3]. Enfin mise en délibération les 1er et 9 mars 1877, elle était définitivement adoptée par 193 voix contre 53.

Il est important toutefois de remarquer qu'en passant de l'Assemblée Nationale au Sénat, la proposition subit une importante modification.

En effet, le projet Delsol de 1872 comprenait deux parties distinctes. La première disposition tendait à attribuer un droit d'usufruit au con-

1. J. off. du 29 juin, p. 4.629, annexe no 58.
2. J. off. du 12 octobre, p. 7.456, annexe no 95.
3. Rapport de M. Delsol le 20 février 1877 (J. off. du 4 mars 1877 p. 1665, annexe no 36.

joint survivant dans les cas où celui-ci serait en concours avec les proches parents du prédécédé ; la seconde, allant plus loin, avait pour objet de donner à l'époux un rang meilleur de successibilité en le faisant concourir pour la propriété avec les héritiers légitimes au-delà du sixième degré.

La première disposition reçut un accueil favorable dans la grande enquête à laquelle il fut procédé. Mais la seconde, tendant à donner un rang meilleur à l'époux dans l'ordre des successions, fut rejetée par la presque unanimité des Facultés de droit et des Cours d'appel [1], comme violant sans nécessité le grand principe de conservation des biens dans la famille qui est une des bases du régime successoral du Code civil, et comme ne découlant même pas d'une saine interprétation de la volonté du *de cujus*.

En effet, que le législateur s'occupe de pourvoir aux besoins du conjoint survivant quand l'époux prédécédé a omis ou négligé de le faire, rien de plus naturel et de plus juste, mais pourquoi irait-il enrichir un des époux au détriment de la famille de l'autre ? S'il est utile et nécessaire d'attribuer à l'époux survivant certains droits de succession,

---

1. Il n'y eut que la Cour d'Alger et la faculté de droit de Douai qui la soutinrent.

pour maintenir, dans une certaine mesure, la situation pécuniaire qu'il avaiit au cours du mariage. Si l'affection présumée de l'époux prédécédé permet et réclame d'accorder à celui qui survit la jouissance d'une partie de la succession, il n'existe au contraire aucune raison sérieuse d'accorder au conjoint survivant sur la succession du prédécédé, un droit de propriété qui aurait pour conséquence inévitable de priver la famille du défunt d'une partie de son patrimoine personnel et de la transférer après la mort du survivant dans une famille étrangère.

En présence de cette opposition, M. Delsol, quand il reprit son projet devant le Sénat, en retira la partie portant attribution à l'époux d'un droit de propriété en face d'héritiers au-delà du sixième degré, pour se borner à réclamer dans tous les cas un simple droit d'usufruit en faveur du conjoint survivant.

Dans sa pensée, cette modification, cette restriction de la proposition, était de nature à lui rallier bien des adversaires et à faire tomber les principales objections qu'on ne s'était pas fait faute de lui opposer.

En particulier, la Cour de Cassation dont l'avis a toujours été mis en avant par les adversaires de toute modification du Code civil, reconnaissait

bien qu'un mouvement d'opinion existait en faveur de la réforme ; mais elle repoussait néanmoins le projet soumis à son appréciation. C'est
qu'elle redoutait que l'instabilité qui sévissait
« ailleurs » selon l'expression discrète de la Cour
suprême, ne s'introduisît également dans notre législation civile. Pour elle, cette modification du
droit de succession entre époux, était un premier
coup porté à l'édifice successoral du Code, la pré-
face de modifications plus importantes, un prélude
qu'il fallait se garder d'encourager [1].

Mais cette opposition n'était-elle pas surtout
provoquée par la partie du projet attribuant au
conjoint un droit de propriété en face d'héritiers
du sixième degré et au-delà ? Il est permis de le
croire. Aussi M. Delsol pouvait-il dire, avec certaine
apparence de raison, que si la Cour de Cassation
avait été consultée sur le projet présenté au Sénat
en 1877, son avis eût été probablement différent
de celui qu'elle avait auparavant émis, et qu'il est
présumable que la Cour suprême n'eût pas apporté
la même opposition à la reconnaissance d'un sim-

---

1. M. le Conseiller Baudouin ajoutait dans son rapport. « En tous
cas, s'il peut devenir un jour nécessaire d'introduire dans notre législation civile des innovations réclamées pour des besoins sérieux, il
serait préférable que l'on procédât par voie de révision générale
après des études approfondies plutôt que par des intercalations partielles et dans des temps troublés. »

ple droit d'usufruit en faveur du conjoint survivant[1].

La proposition Delsol, telle qu'elle avait été votée par le Sénat en 1877, resta de longues années au Palais Bourbon avant d'être sanctionnée par la Chambre[2]. Elle eut pourtant la faveur d'être adoptée en première lecture et sans discussion le 27 mai 1886, mais le renouvellement intégral survint avant qu'elle pût venir en seconde délibération.

A la fin de 1889, elle était soumise de nouveau à l'examen de la Chambre des députés. Le rapporteur de la commission, M. Jacques Piou, reprit le rapport qu'il avait présenté auparavant sous la législature précédente. Il n'eut pas de peine à faire prononcer l'urgence en faisant remarquer à ses collègues que « la proposition en question était à l'étude depuis 18 ans. » Après discussion, le projet de la commission fut adopté[3].

Mais des modifications importantes ayant été

1. L'avis de la Cour de Cassation n'avait du reste pas été unanime. Une forte minorité s'était prononcée pour le principe de la proposition Delsol et les motifs de son opinion furent très fortement résumés dans le travail du rapporteur.

2. Transmission du Sénat à la Chambre le 14 novembre 1877, (J. off. du 23 nov. 1877, p. 7.695, annexe n° 29). Nouvelle transmission le 19 nov. 1886, (J. off. du 9 nov. 1886, p. 1292. — Rapport de M. Jacques Piou, le 20 mars 1886, (J. off. du 9 nov. 1886, p. 1292, n° 565).

3. Rapport de M. J. Piou le 20 janvier 1890, reproduisant celui du 20 mars 1886, (J. off. 16 avril 1890, annexe, p. 153, n° 305).

introduites par la commission et sanctionnées par la Chambre, un renvoi au Sénat devint nécessaire.

Devant la Haute Assemblée, trois séances furent consacrées à l'élaboration et à la discussion du texte définitif [1] qui, après avoir été accepté cette fois sans modifications par la Chambre des députés, dans sa séance du 26 février 1891, est devenu loi du 9 mars 1891 [2] à l'examen de laquelle il nous reste à procéder.

1. Transmission du 24 mars 1890, (J. off. du 24 juin 1890, annexe, p. 85, no 44). Rapport de M. Delsol le 11 nov. 1890, (J. off. du 11 févr. 1891, annexes, p. 10, no 7). Première délibération les 14, 18 et 21 nov. 1890. — Deuxième délibération et adoption le 2 décembre 1890.

2. Transmission à la Chambre le 5 d´cembre 1890, (J. off. du 30 janvier 1891, annexe, p. 462, no 1.065). Rapport de M. Piou le 24 janvier 1891, (J. off. du 30 avril 1801, annexe, p. 305, no 1146. Déclaration d'un genre d'adoption le 26 février 1891.

TITRE II. — Commentaire de la loi du 9 mars 1891

(Situation faite à l'époux survivant par la loi de 1891).

La loi nouvelle introduit dans les dispositions du Code civil deux modifications bien distinctes et qui se complètent en même temps.

I° L'article 767 nouveau attribue au conjoint survivant une part déterminée d'usufruit dans la succession du prédécédé, modifiant ainsi le droit successoral entre époux tel qu'il avait été réglé par le législateur de 1804.

II° L'article 205 complété concède dans tous les cas à l'époux survivant qui se trouve dans le besoin, une pension alimentaire à prendre sur la succession du prémourant.

Nous aurons donc à examiner dans deux chapitres différents les deux dispositions de la loi du 9 mars 1891.

CHAPITRE PREMIER

DROITS DE SUCCESSION DU CONJOINT SURVIVANT. —
NOUVEL ARTICLE 767 C. CIV.

La nature et parfois la qualité du droit successoral varie suivant que le défunt ne laisse ni parenté légitime ou naturelle appelée par la loi à la succession, ou qu'au contraire l'époux survivant se trouve en face d'héritiers ou de successibles du *de cujus*.

Dans le premier cas, le droit successoral du conjoint est un droit de pleine propriété comme le décidait déjà le Code civil, et comprend toute la succession.

Dans le second cas, il ne s'agit plus que d'un droit d'usufruit dont la quotité est variable.

Plaçons-nous donc en face de ces deux situations différentes dont la seconde sera de beaucoup la plus fréquente, car il est rare que l'époux qui prédécède ne laisse ni un héritier jusqu'au douzième degré, ni un parent naturel appelé par la loi à la succession.

Section I. — Droit de propriété attribué au conjoint survivant.

§ I. — *Principe.*

Aux termes de la loi nouvelle elle-même, le conjoint survivant ne peut prétendre à la pleine propriété des biens du prédécédé que dans le cas où celui-ci ne laisse « ni parents au degré successible, ni enfants naturels [1], » ou plus exactement : ni parents naturels appelés par la loi à la succession.

C'était déjà la décision du Code civil qui ne voyait dans le conjoint qu'un successeur irrégulier et non un véritable héritier.

Le législateur de 1891 n'est donc pas venu changer les principes qui forment la base de notre droit successoral.

Pour lui aussi, comme pour ses devanciers de 1804, la dévolution héréditaire des biens à titre légitime et régulier dérive de la consanguinité.

Or, le conjoint qui appartient à une famille étrangère n'est pas un parent ; toute attribution

---

1. Nous savons déjà qu'il faut assimiler au cas où il n'y a pas d'enfants naturels, celui où l'époux prédécédé avait reconnu, pendant le mariage, un enfant naturel né d'un autre que de son conjoint ; en effet, d'après l'art. 337 C. civ., une semblable reconnaissance ne peut nuire ni au conjoint ni aux enfants nés de ce mariage. — Demolombe v, § 475.

héréditaire en propriété faite en sa faveur aboutirait fatalement à ce résultat de transférer pour toujours dans sa propre famille, étrangère à celle du défunt, la portion de bien qui lui serait dévolue.

Notre système de succession peut bien reposer dans une certaine mesure sur l'affection présumée du *de cujus* à l'égard de ses héritiers *ab intestat*, mais avant tout il est préoccupé de conserver les biens dans les familles et cette grande idée qu'on retrouve dans toutes les législations, si elle n'a plus aujourd'hui la même importance qu'autrefois, conserve encore son influence sur nos dispositions successorales.

L'époux qui prédécède doit-il au surplus être facilement présumé avoir eu l'intention de laisser la propriété de ses biens au survivant?

Qu'il ait voulu assurer une existence facile au conjoint qui a partagé ses joies et ses douleurs pendant la vie commune, cela se comprend parfaitement il est aussi naturel que moral de présumer une telle pensée. C'est à cette idée que répond la création d'un droit d'usufruit en faveur du conjoint survivant.

Mais aller plus loin, serait contredire sans nécessité le principe de conservation des biens dans la famille et se montrer interprète peu fidèle des intentions présumables du *de cujus*.

S'il est probable en effet que l'époux préfère son conjoint à des parents éloignés, il est non moins certain que, dans l'ordre de ses affections, cet époux place sa propre famille en première ligne et ne songe pas à laisser une partie de son patrimoine à la famille de son conjoint qui lui est étrangère.

§ II. — *Conditions de ce droit de succession.*

Examinons les conditions auxquelles ce droit successoral est subordonné.

Pour que le conjoint survivant puisse réclamer la pleine propriété des biens du prédécédé, la condition première est que le prémourant n'ait laissé aucun successible ou tout au moins que ceux qu'il avait laissés soient écartés de la succession soit parce qu'ils sont renonçants soit parce qu'ils sont indignes.

Les conditions de capacité et les cas d'indignité des art. 725 et 727 s'appliquent également dans la situation présente.

Il faut que le réclamant prouve que le droit s'est bien fixé sur sa tête. Quiconque soutient que l'un des conjoints peut prétendre à la succession de l'autre, doit donc démontrer que ce conjoint a survécu au moins pendant quelques instants. Rappelons à cet égard que si les deux époux qui sont appelés à la succession l'un de l'autre, sont morts dans le même événement, il faudra, à défaut de circonstances de fait pouvant résoudre la question de survie, recourir aux présomptions établies par la loi dans les articles 720, 721 et 722 du Code civil. C'est l'hypothèse des *commorientes*.

Si le mariage qui est le fondement du droit héréditaire n'avait pas été contracté valablement, il serait réduit à une simple union de fait et ne pourrait produire d'effets au point de vue successoral comme aux autres. Toutefois, dans le cas de mariage putatif (art. 201 et 202 C. civ.), l'époux de bonne foi pourra exercer le droit successoral à la condition que le jugement déclarant la nullité n'ait pas été rendu avant le décès du *de cujus,* car à partir de ce jugement le mariage peut s'assimiler à un mariage rompu par le divorce.

Or, le divorce qui brise le lien conjugal fait perdre le titre d'époux et partant le droit de succession qui en découle [1].

La loi n'a pas ici à distinguer entre le conjoint qui a obtenu le divorce et celui contre lequel il

---

1. Nous supposons que le jugement prononçant le divorce a été transcrit, art. 252, C. civ.

a été prononcé[1]. Il était logique que tous deux fussent incapables de se succéder ; l'un et l'autre ayant perdu le titre d'époux n'ont plus qualité pour invoquer le droit successoral attaché à ce titre.

A la différence du divorce la séparation de corps, tout en relâchant le lien conjugal, n'opère pas la dissolution du mariage, lequel continue à produire un certain nombre de ses effets.

Ici le titre d'époux subsistant, le conjoint n'était plus de plein droit incapable de succéder comme en cas de divorce.

Néanmoins, le jugement de séparation de corps passé en force de chose jugée au moment où survient la mort d'un des époux, constitue d'après le nouvel article 767 une cause de déchéance à l'égard de celui contre lequel le jugement est intervenu.

Le Code civil n'était pas allé jusque-là[2] et n'avait pas fait de la séparation de corps une cause d'exclusion même contre l'époux coupable.

Cette déchéance, qui punit l'époux contre lequel la séparation a été prononcée, existait déjà, il est vrai, dans le projet primitif de M. Delsol et dans celui qui fut voté par le Sénat en 1877. Mais

---

1. Cette distinction faite dans les articles 299 et 300 du C. civ. ne concerne que le cas où il s'agit de régler l'effet des libéralités consenties entre deux époux antérieurement à leur divorce.

2. Cependant dans la discussion au Conseil d'État, les membres de la commission semblaient vouloir retirer le droit successoral aux époux séparés, bien que le mariage ne fût pas rompu (Fénet. xii,

en 1890 la Chambre des députés repoussa cette disposition pour en revenir au système du Code civil.

Le rapporteur M. Piou justifiait la décision de la commission en rappelant que l'exclusion prononcée contre l'époux coupable ne profiterait en définitive qu'à l'État. Il se demandait s'il était bien permis de présumer que le défunt préférât cette collectivité impersonnelle que représente le fisc, à son époux même séparé de corps. Une telle préférence ne méritait-elle pas tout au moins d'être exprimée?

Le texte voté à la Chambre étant retourné au Sénat, la commission de cette assemblée jugeait la question comme très délicate ; elle crut devoir par esprit de conciliation adopter la disposition votée par la Chambre des députés.

C'est alors qu'à la séance du 18 novembre 1890 M. Demôle présenta un amendement destiné à rétablir la disposition du texte primitif du projet, c'est-à-dire exclure de la succession du conjoint l'époux contre lequel la séparation de corps a été prononcée.

p. 36 à 38). Mais si dans les discussions préparatoires du Code, on paraissait s'accorder pour exclure l'époux séparé de corps, on se demandait si l'exclusion serait prononcée contre les deux époux ou s'appliquerait seulement à l'époux coupable. On craignit d'enfreindre le principe de réprocité du droit successoral et c'est pourquoi le texte définitif du Code ne mentionne pas la séparation de corps comme cause d'exclusion.

Il est certain que la question est surtout doctrinale ; car, pour qu'elle se présente dans la pratique, il faut d'une part que l'époux défunt dont il s'agit de régler la succession ne laisse aucun parent jusqu'au douzième degré ni aucun autre successible et que, d'autre part, le conjoint survivant qu'il s'agit d'exclure, ait succombé dans une instance en séparation de corps. La réunion de ces deux circonstances devait donc et doit encore se présenter bien rarement.

Néanmoins, l'auteur de l'amendement réclama avec énergie en faveur de son adoption, et demandait « s'il est moral de décider que la femme qui se sera rendue coupable de trahisons envers son mari, que le mari qui se sera fait un jeu de la tranquillité, du bonheur et de la sécurité de sa femme, succéderont l'un à l'autre quand le prédécédé n'aura laissé ni parenté légitime ou naturelle [1]. »

Prononcer la déchéance contre l'époux coupable c'est d'abord se conformer à la tradition de l'ancien droit [2]. Ce n'est pas inscrire un nouveau cas d'indignité dans le Code civil, c'est interpréter selon toute vraisemblance la volonté présumée

---

1. J. off. du 15 novembre 1890, p. 1.032, discours de M. Demole.

2. Pothier disait en effet « il n'est pas douteux qu'une femme judiciairement convaincue d'adultère doit être jugée indigne de la succession *unde vir et uxor*, dans le cas de prédécès de mari sans parents... un mari doit pareillement être jugé indigne de la succession de sa femme qui a été séparée de lui pour cause de sévices. »

du défunt, c'est suivre la voie tracée par la jurisprudence [1] qui, étendant une disposition inscrite
dans le Code pour le cas de divorce, (art. 299 C.
civ.) décide que l'époux contre lequel la séparation a été prononcée perd tous les avantages à lui
conférés par son conjoint.

L'on objectait, il est vrai, que l'époux qui a obtenu la séparation de corps pouvait facilement
exclure le coupable de sa succession ; s'il n'a pas
oublié les anciens griefs et les fautes d'autrefois,
que ne manifeste-t-il pas sa volonté dans des dispositions testamentaires? Or, s'il n'a pas parlé
quand il pouvait le faire, s'il a simplement gardé
le silence, pourquoi donc interpréter ce silence
dans le sens rigoureux et en faire sortir une con-
damnation au lieu d'un oubli de l'injure? Le pardon doit-il donc être entouré de formes solennelles,
serait-il par hasard immoral de le présumer !

Mais, répondait M. Demole « qu'il se soit écoulé
un temps plus ou moins long depuis la séparation,
il y a de ces plaies morales qui ne s'effacent pas, et
je doute très fort, qu'alors qu'on est obligé de recourir à un moyen aussi extrême de dénouer les
liens conjugaux, alors que les reproches qu'on
peut adresser à son conjoint sont là avec toute

---

1. Cass. Ch. réunies, 22 mai 1845, D. 1845, 1, 225. — D'après arrêt
de Cass. du 5 décembre 1849 la révocation atteignait aussi bien les
legs que les donations entre vifs.

leur âpreté et toute leur amertume, on puisse dire que l'époux, parce qu'il n'a pas fait de testament, a octroyé le pardon. Entre l'époux indigne qui a empoisonné l'existence de son conjoint, qui a manqué à toutes ses promesses, qui a violé tous ses devoirs, et l'Etat qui représente l'intérêt général, il n'y a pas à hésiter. »

Contre l'avis du rapporteur M. Delsol et malgré l'intervention du garde des sceaux, l'amendement Demole fut adopté par le Sénat [1], et la Chambre des députés maintint définitivement l'exclusion de l'époux contre lequel la séparation de corps a été prononcée.

Cette disposition du nouvel article 767 qui constitue une innovation sur le Code civil ne sera certainement pas approuvée par tous les commentateurs. Beaucoup la trouveront sévère et rigoureuse sans trop de nécessité.

Elle nous semble pourtant logiquement déduite du principe que le droit successoral entre époux

---

1. Il est vrai que ce ne fut qu'à la majorité de 119 voix contre 102. — M. Delsol disait au Sénat dans la séance du 14 novembre 1890 (J. off. du 15 novembre 1890, p. 1 032) « qu'il fallait considérer cette question comme une de celles sur lesquelles peuvent varier les esprits les plus distingués et les plus justes. On a même vu le même jurisconsulte avoir une opinion au commencement de sa carrière, en avoir une autre au milieu et puis revenir à la première. C'est, en un mot, non de ces questions que l'on peut considérer comme étant à peu près insolubles ; chacun le résout d'après son sentiment.

repose surtout sur l'affection présumée des deux conjoints. Cette présomption d'affection disparaissant, le droit de succession qui en était la conséquence ne doit-il pas disparaître aussi ?

Il nous sera en effet difficile d'admettre que le simple silence de l'époux qui s'est vue contraint de recourir à la séparation de corps suffise à établir l'oubli des torts de son conjoint. Ce n'est pas exiger que le pardon et l'oubli des injures soient constatés dans un acte testamentaire, c'est simplement se refuser à présumer une affection qui paraît bien éteinte et un pardon qu'aucune réconciliation n'est venue constater.

Objectera-t-on que ce n'est pas toujours sur des motifs bien graves que les jugements de séparation de corps sont prononcés et qu'en tous cas c'est montrer une bien grande sévérité envers le conjoint contre lequel ce jugement est intervenu que de le faire primer par cet être anonyme qui s'appelle l'Etat ? Là n'est pas la question. Prononcer la déchéance de l'époux coupable, ce n'est pas donner la préférence à l'Etat, c'est simplement se montrer logique avec la volonté dernière du défunt sainement interprétée, et conséquent avec le principe fondamental du droit de succession entre époux.

Section II. — Droit d'usufruit accordé au conjoint survivant.

§ I. — *Principe.*

La création d'un droit d'usufruit en faveur du conjoint survivant constitue la réforme la plus importante de la loi du 9 mars 1891.

En donnant satisfaction aux réclamations réitérées en faveur du conjoint survivant, elle a l'avantage de respecter et de confirmer les principes sur lesquels repose notre droit de succession *ab intestat* tel qu'il a été réglé par le législateur de 1804.

Les droits de la consanguinité ne sont pas atteints puisque le patrimoine du défunt sera, dans l'avenir comme par le passé, dévolu aux héritiers du sang. A ce point de vue, la présence de l'époux survivant reculera dans une certaine mesure les droits de jouissance des héritiers ou successibles, mais il ne portera pas atteinte à leur droit de propriété ; car un jour ou l'autre ce droit d'usufruit, ce droit viager, s'éteindra et la propriété pleine et entière se fixera toujours en définitive sur les héritiers du sang d'après l'ordre et le rang établis entre eux par les articles 745 et suivants du Code civil.

Le principe de l'attribution des biens de la famille du *de cujus* reste donc intact.

Le nouvel usufruit légal, créé par l'art. 767, C. civ. a pour but de rétablir la conformité qui doit exister entre l'ordre successoral et l'ordre présumé des affections du défunt. Mais en replaçant à cet égard le conjoint survivant à son rang véritable, le législateur de 1891 n'a donc pas voulu établir à son profit, et au préjudice des héritiers du sang, un droit de succession en propriété.

§ II. — *Conditions du droit successoral d'usufruit.*

Pour que ce droit d'usufruit légal prenne naissance, il faut que le conjoint survivant remplisse les conditions que nous indiquions précédemment, quand il s'agissait de lui reconnaître le droit à la propriété des biens de l'époux mort sans laisser de parenté légitime ou naturelle.

Mais nous ferons observer à ce sujet que l'exclusion de l'époux contre lequel la séparation de corps a été prononcée n'était contestée par personne pour le cas qui nous occupe.

Dans la discussion de la loi nouvelle, tout le monde admit en effet que le conjoint séparé de corps par sa faute ne pouvait prétendre au droit successoral d'usufruit attribué à l'époux surviyant. Ici, en effet, l'époux coupable est en face d'héritiers ou de successibles, c'est-à-dire en face de la famille du défunt ; c'est elle seule et non l'Etat qui profite de son exclusion.

Il va sans dire que cette exclusion qui constitue en définitive une déchéance, une peine, est absolument personnelle et que celui qui a obtenu la séparation conserve son droit de succession ; s'il survit à son conjoint, il viendra réclamer le droit d'usufruit légal sur les biens du prédécédé.

En fait, il est cependant possible et souvent probable que l'époux qui a obtenu la séparation de corps ne bénéficiera guère du droit successoral que lui confère le législateur ; la loi nouvelle en effet ne créant pas de réserve, l'époux coupable pourra toujours prononcer lui-même l'exclusion plus ou moins directe de son conjoint.

Il est certain que cet époux contre lequel la séparation est intervenue aura soin de prendre ses mesures pour empêcher que celui qui l'a repoussé du foyer conjugal en faisant en quelque sorte prononcer son indignité, ne puisse venir à sa succession. N'a-t-on pas constaté souvent que si les offensés peuvent quelquefois pardonner et oublier l'offense, les offenseurs ne l'oublient jamais ? L'expérience ne démontre-t-elle pas que souvent nous ne pardonnons pas à notre prochain les torts dont nous nous sommes rendus coupables envers lui.

Du reste, cette remarque est une simple constatation de fait, et il est loin de notre pensée d'en conclure que le législateur aurait dû, en cas de séparation de corps, appliquer le principe de réciprocité successorale sous prétexte qu'exclure aussi l'époux qui a obtenu la séparation de corps, de la succession du conjoint coupable, c'est se conformer à la volonté probable du *de cujus*.

Une pareille disposition insérée dans la loi nouvelle eût été contraire à toute justice ; la déchéance n'eût plus été une peine prononcée seulement contre l'époux coupable, elle eût été un châtiment légal infligé à la victime.

Après la séparation de corps, si une réconciliation est intervenue et que les époux aient repris la vie commune, le droit successoral renaîtra dans toute son intégrité.

§ III. — Quotité de ce droit d'usufruit.

La quotité de l'usufruit accordé au conjoint varie suivant la qualité et parfois suivant le nombre des héritiers ou successibles appelés à la succession du prédécédé[1]. En effet c'est la présence d'héritiers du

1. Dans la grande consultation qui eut lieu sur la proposition pri-

sang qui empêche le conjoint de recueillir la succession tout entière ; c'est donc d'après la qualité de ces héritiers et leur degré qu'il est juste de déterminer la portion d'usufruit qui doit être attribuée à l'époux.

Pour déterminer cette quotité d'usufruit, la loi du 9 mars 1891 considère trois situations différentes.

1° Conjoint survivant en présence d'enfants communs.

2° Conjoint survivant en présence d'enfants nés d'un précédent mariage du prédécédé.

3° Conjoint survivant en présence d'héritiers ou successibles du défunt, autres que les descendants légitimes.

1ʳᵉ Situation. — Conjoint survivant en présence d'enfants communs.

« Si le défunt laisse un ou plusieurs enfants is-

mitive de M. Delsol, les facultés de droit de Toulouse, Douai et Aix admettaient l'invariabilité du droit d'usufruit. Un autre projet, adoptant le même principe, fut soumis à l'examen de la commission sénatoriale en 1877, mais il fut repoussé. Ce système supprimait peut-être des difficult's, mais il était peu logique et peu équitable ; une quotité d'usufruit toujours fixe, si elle suffit à assurer une existence convenable au conjoint survivant, ne tient évidemment pas compte des intentions et de l'affection présumée du *de cujus*. Il est peu juste que le survivant soit traité de la même façon quand il a en face de lui des enfants du défunt ou simplement des parents collatéraux éloignés. Enfin ce système n'est pas en harmonie avec la quotité disponible entre époux qui varie suivant la quotité et parfois le nombre des héritiers du *de cujus* (1.094, 1.098).

sus du mariage » le conjoint survivant a l'usufruit d'un quart de la succession.

La quotité de l'usufruit est donc dans tous les cas invariable quel que soit le nombre des enfants [1] ; y en eût-il un seul ou un très grand nombre, la part du conjoint sera toujours la même.

Dans la proposition primitive présentée par M. Delsol, l'époux, il est vrai, devait avoir l'usufruit d'une part d'enfant légitime sans que cette part pût être inférieure au quart des biens. En face de trois enfants ou d'un plus grand nombre, l'usufruit eût donc été limité au quart, tandis qu'en présence d'un et de deux enfants il eût porté sur la moitié et le tiers de la succession.

Mais on fit remarquer que ce système aboutissait en partie à diminuer la quotité de l'usufruit en raison du nombre des enfants. N'était-ce pas menacer la fécondité du mariage en intéressant les époux à restreindre le nombre des enfants et en accordant en quelque sorte une prime à ceux qui en auraient le moins ?

C'est pourquoi, dans la crainte de nuire au développement de la famille, il fut admis qu'en présence d'enfants communs, l'usufruit légal du

---

1. Le mot « enfants » est pris dans un sens général et doit s'appliquer également aux petits enfants.

conjoint survivant serait fixe et invariable et toujours du quart de la succession.

Cet usufruit du quart est un droit successoral, c'est une sorte de libéralité présumée faite par le défunt, mais le nouvel article 767 ne porte pas atteinte au chapitre consacré par le Code civil aux « dispositions entre époux, soit par contrat de mariage soit pendant le mariage » (art. 1091 et s.)

L'époux trouve-t-il que cet usufruit légal du quart est trop restreint ? il peut dans un testament faire porter le droit de jouissance de son conjoint sur la moitié de la succession (art. 1094).

La part du conjoint est donc ici un minimum que la loi présume être conforme à la volonté du *de cujus* et que celui-ci peut dépasser dans ses dispositions entre vifs ou testamentaires, et à la condition bien entendu de rester dans les limites de la quotité disponible entre époux [1].

2me *Situation. — Conjoint survivant en présence d'enfants du défunt nés d'un précédent mariage.*

Le droit d'usufruit est d'une part d'enfant légitime *le moins prenant* sans qu'elle puisse excéder le quart ».

---

1. Le *de cujus* peut même donner un quart en propriété et un quart en usufruit au lieu de donner une moitié en usufruit.

Il est facile de voir que cette quotité est empruntée à l'article 1098. (C. civ.) qui fixe la quotité pour l'homme ou de la femme qui, ayant des enfants d'un lit précédent, veut faire des libéralités à son nouvel époux. Mais tandis qu'au cas de donation cette part peut être attribuée en pleine propriété, au contraire à titre héréditaire, cette même part n'est attribuée qu'en usufruit. Dans le premier cas le *de cujus* a manifesté sa volonté d'une manière formelle, dans le monde c'est simplement la loi qui interprète cette volonté par présomption.

L'époux survivant est donc considéré en quelque sorte comme un enfant de plus auquel on attribue également une part. Mais si un ou plusieurs enfants ont été avantagés par des dispositions préciputaires, la part du conjoint ne peut être supérieure à celle de l'enfant qui prend le moins. On déduira donc de la masse, sur laquelle se calcule le droit d'usufruit, l'avantage préciputaire fait à un des enfants.

D'un autre côté, la part du conjoint survivant ne peut excéder le quart de la succession. Ainsi le *de cujus* laisse-t-il par exemple deux enfants nés d'un précédent mariage ? le droit d'usufruit de l'époux sera toujours d'un quart et non du tiers. 3me *Situation. — Conjoint survivant en présence d'héritiers ou successibles, autres que les enfants du défunt ou leurs descendants.*

L'usufruit porte alors sur la moitié de la succession sans tenir compte du nombre ou de la qualité des héritiers et successibles venant se partager l'héritage.

C'est afin de concilier les droits de l'époux et ceux de la consanguinité que la jouissance des biens a été partagée par moitié entre le conjoint et la famille du *de cujus.*

Il eût peut-être été plus conforme à l'ordre des affections, de faire varier l'étendue des droits du conjoint avec le degré de parenté des héritiers, mais faire ici des distinctions entre le nombre et la qualité des divers successibles eût certainement entraîné à des complications infinies.

En effet, dans la situation que nous étudions, l'époux survivant peut se trouver à la mort de son conjoint en présence : 1° d'ascendants dans les deux lignes, 2° d'ascendants dans une seule ligne, 3° de collatéraux privilégiés, (c'est-à-dire frères et sœurs ou leurs descendants), 4° de collatéraux ordinaires, 5° d'enfants naturels ou d'autres parents naturels du défunt appelés par le Code à la succession.

En présence de tous ces héritiers et successibles qui ne sont pas des descendants légitimes, le conjoint survivant recueille l'usufruit de la moitié de la succession.

Il y a toutefois un cas particulier qui peut présenter certaine difficulté en raison de sa complication. Nous voulons parler de la combinaison du nouvel article 767. avec l'article 764 du (Code civil) resté toujours en vigueur, et qui accorde au père où à la mère un droit d'usufruit sur la partie de la succession qu'il ne recueille pas en propriété.

Comment partager l'héritage de l'époux qui laisse à son décès outre sa veuve : 1° son père ou sa mère dans une ligne, 2° des collatéraux ordinaires (c'est-à-dire autres que frères ou sœurs ou leurs descendants) dans l'autre ligne.

Autrement dit, comment règlera-t-on le concours du père ou de la mère et du conjoint survivant lorsqu'ils ont l'un et l'autre un droit d'usufruit sur les biens auxquels ils ne succèdent pas en pleine propriété ?

Prenons un exemple pour montrer la complication que fait surgir le nouvel art. 767.

Le *de cujus* meurt laissant une succession de 90.000 fr et pour se la partager : sa mère, sa veuve et des cousins paternels.

Aux termes de l'article 754 (c. civ.) la mère succède bien à la moitié en propriété, mais elle a droit en outre à l'usufruit d'un tiers de l'autre moitié revenant aux parents paternels, c'est-à-dire qu'elle prendra l'usufruit du sixième (tiers de la moitié) de la succession.

La mère avait sur une succession de 90.000, à prendre 45.000 en pleine propriété et 15.000 en usufruit. Il restait donc aux cousins paternels 30.000 de pleine propriété et la nue propriété de 15.000 [1].

Actuellement avec le nouvel article 767 nous devons attribuer à la veuve l'usufruit de la moitié de toute la succession, c'est-à-dire l'usufruit de 45.000.

Mais où prendre cet usufruit, et qui devra le supporter?

Si cette question n'a pas été formellement résolue par le texte de la loi du 9 mars 1891, elle n'en a pas moins été soulevée et examinée à plusieurs reprises dans les discussions et les rapports de la Chambre des députés et du Sénat.

Le projet primitif du Sénat portait « l'usufruit du père et de la mère ne s'exercera qu'après celui

---

1. Le rapport de M. Humbert résumant l'avis des facultés de droit sur la proposition Delsol, nous apprend que la question avait déjà été soulevée à cette époque. V. Rapport Humbert. J. off. 16 mars 1876, p. 1844. — D'après la faculté de droit de Paris, la jouissance du conjoint devait primer celle attribuée au père ou à la mère du défunt, parce que cette jouissance fondée sur la qualité du conjoint est indépendante de celle des successibles avec lesquels elle concourt.

du conjoint, » c'est-à-dire que l'usufruit de l'ascendant ne devait s'exercer qu'après l'extinction de celui de l'époux et que l'usufruit de celui-ci primerait l'usufruit de celui-là.

Mais la Chambre des députés sur le rapport de M. Piou [1] supprimera cette disposition. L'époux survivant étant en effet plus jeune que ses beaux parents, aurait empêché presque toujours l'ascendant qui est plus âgé que lui, de bénéficier de l'usufruit que lui reconnaît l'art. 754. D'autre part, les collatéraux non privilégiés étant plus éloignés dans l'ordre de la parenté et par suite dans l'affection du *de cujus,* il paraissait légitime de laisser simultanément à leur charge l'usufruit de l'époux et celui du père ou de la mère.

Le Sénat adopta en dernier lieu cette manière de voir et M. Delsol écrivait dans son rapport. « De la sorte le conjoint jouira de la moitié et le père ou la mère du tiers (ou total 5/6) des biens dévolus aux collatéraux, et, par contre, ceux-ci recueilleront les cinq sixièmes de ces biens en nue propriété et un sixième en pleine propriété. Cette double attribution est de nature à donner satisfaction à leur qualité de parents collatéraux concourant à la fois avec le père ou la mère et l'époux survivant [2]. »

1. Rapport de M. Piou. (Ch. des députés, 20 mars 1886, J. off. p. 1292).
2. Rapport de M. Delsol (Sénat, 11 novembre 1890, J. off. p. 12).

Raisonnant toujours avec le même exemple, nous prendrons les 45.000 fr. d'usufruit destinés à la veuve, moitié sur la part de la mère et moitié sur la part de la ligne paternelle.

La mère qui autrefois avait 45.000 fr. en pleine propriété, n'en aura plus aujourd'hui que 22.500. Cette part constitue précisément sa réserve à laquelle la loi nouvelle ne permet pas de toucher. Il lui reste au surplus la nue propriété de 25.000. dont l'usufruit passe à la veuve, ainsi que l'usufruit de 15,000 qu'elle prend toujours sur la ligne paternelle.

Quant aux cousins paternels, leur part de pleine propriété qui ne portait déjà que sur 30,000. va se trouver réduite à 7.500, par suite de l'attribution à la veuve de l'usufruit de 22.500, tandis que leur part de nue propriété sur les 15.000 fr. va s'ajouter à la nue propriété de 22.500 fr. dont la jouissance est attribuée à la veuve, ce qui en définitive fera 37.500 fr. en nue propriété.

On peut donc conclure que la part des collatéraux se trouve grevée d'un double droit d'usufruit : 1° pour un tiers au profit du père ou de la mère ; 2° pour moitié au profit du conjoint (c'est-à-dire en tout des 5/6), et que la part du père ou de la mère est grevée à son tour d'un usufruit de moitié.

Voici en résumé comment se partagera la succession de 90.000.

1° *A la mère* (ou père).

1° — 22,500 en pleine propriété (réserve).
2° — 15,000 en usufruit.
3° — 22,500 en nue propriété.

2° *Aux cousins paternels* (ou maternels).

1° — 75,00 en pleine propriété (1/6 de 1/2 c'est-à-dire 1/12 de la succession).
2° — $\dfrac{25,500}{15,000} = 37,500$ en nue propriété.

3° *A la veuve*.

$\dfrac{22,500}{22,500} = 45,000$ d'usufruit.

Sur la combinaison des articles 754 et 767, une autre solution de la difficulté est présentée par M. *Rouard de Card* qui raisonne ainsi « L'usufruit de moitié établi au profit du conjoint porte sur la succession entière. La part de chaque ligne, au lieu d'être de moitié en pleine propriété, va être d'un quart en pleine propriété et d'un quart en nue propriété puisqu'il faut déduire un quart en usufruit. Donc, le survivant des père et mère aura seulement l'usufruit du tiers du quart en pleine propriété afférente à l'autre ligne, c'est-à-dire l'usufruit d'un douzième au lieu de l'usufruit d'un neuvième [1]. »

Cette argumentation nous paraît en opposition avec les travaux préparatoires de la loi nouvelle et particulièrement avec le rapport Delsol cité plus haut qui s'exprime en termes formels. Un tel système tend à créer une faveur, et accorde un privilège aux collatéraux au détriment de l'ascendant ; il restreint d'une manière détournée l'application du texte de l'article 754. Ce n'est plus appliquer simultanément les deux usufruits, c'est faire primer la mère par le conjoint et ne plus donner à celle-ci comme le réclame l'art. 754 « l'usufruit du tiers des biens auxquels elle ne succède pas en propriété. »

§ IV. — *Composition de la masse des biens sur laquelle se calculera l'usufruit légal de l'époux.*

La quotité de l'usufruit légal de l'époux survivant étant déterminée, quels sont maintenant les

---

1. V. Rouard de Card : *Des droits de l'époux survivant sur la succession de son conjoint prédécédé*, p. 28.

biens sur lesquels portera cet usufruit, quelle est la masse sur laquelle il devra se calculer ?

Cette question est une des plus importantes auxquelles avait à répondre la loi nouvelle ; elle a donné lieu aux discussions les plus vives dans le parlement.

Des deux modes de procéder qui ont été soutenus et adoptés tour à tour par le Sénat et la Chambre des députés, aucun ne triompha définitivement ; c'est un système mixte qui a passé dans le texte de la loi du 9 mars 1891. La solution adoptée apporte un changement sensible à la procédure en matière de partage. Pour en mieux comprendre la portée, il nous paraît nécessaire de passer en revue les différents systèmes qui ont été tour à tour proposés dans les deux assemblées.

1° *Système soutenu par le Sénat en 1877.* — La masse sur laquelle doit se calculer l'usufruit est formée exclusivement des biens existants au décès de l'époux dans la succession *ab intestat*.

Le Sénat formait ainsi la masse, nous rapporte M. Delsol [1]. « Il avait dit : lorsqu'un époux meurt, il laisse une certaine quantité de biens dans sa succession. Si faible que soit cette quotité, elle forme à elle seule toute la masse. Ajoutons que

---

[1] J. off. du 15 novembre 1882, p. 1032, discours de M. Delsol.

par les biens existants dans la succession, on entend les biens qui s'y trouvent réellement et juridiquement ; c'est-à-dire les biens qui n'ont été ni donnés ni légués ; car si le défunt a disposé par donation, par testament d'une partie de ses biens, on ne peut pas dire que ceux-là sont dans la succession ; ils en sont sortis par la disposition testamentaire. Donc la masse consiste dans les seuls biens présents dans la succession. »

Un pareil système pouvait bien obliger les héritiers et successibles à imputer sur leurs droits respectifs les libéralités provenant du défunt directement ou indirectement, avant de prendre part aux biens présents dans la succession. Mais cette imputation n'augmentait pas la masse ; celle-ci restait invariablement limitée aux seuls biens laissés par l'époux prédécédé ; ceux dont il avait disposé par acte entre vifs ou par acte testamentaire étaient pour toujours exclus de cette masse.

M. Demole qui reprit ce système en 1890 et essaya de le faire triompher à titre d'amendement invoquait pour le soutenir le principe d'après lequel le rapport n'est dû que par l'héritier à son cohéritier. Or, disait-il, l'époux n'est pas un véritable héritier, mais seulement un successeur irrégulier ; il n'a donc pas le droit de demander le rapport ? Mais ce raisonnement péchait par la base ; car la jurisprudence depuis de longues années [1] et la grande majorité des auteurs [2] admettent au contraire que le successeur irrégulier [3] peut parfaitement demander le rapport, non seulement des legs, mais aussi des donations entre vifs.

Prenons un exemple. Un père de famille avait une fortune de 80.000 fr., il meurt laissant sa veuve et trois enfants déjà établis ; du vivant de leur père chacun de ces enfants avait reçu 20.000 fr., en dot : total 60000 déjà distraits du patrimoine du *de cujus*.

Il restait donc 20.000 dans la succession à la mort du père. C'est exclusivement sur ces 20.000 que se calculera et s'exercera l'usufruit du quart reconnu au conjoint survivant. L'usufruit légal sera donc seulement de 5.000.

Avec ce système, les dispositions faites à titre gratuit par le *de cujus* échappaient à tout rapport.

2° *Système soutenu par la Chambre des députés.* — La masse des biens servant au calcul de l'usufruit devait comprendre non seulement tous les biens existants au moment du décès, mais encore

1. Amiens, 26 nov. 1811. Sir. 1812, ii, 411.
2. Demolombe, t. XIV, 31. Aubry et Rau, t. VI. p. 694.
3. Le mot *cohéritier* de l'art. 857 C. civ., étant pris *lato sensu* et désignant non seulement l'héritier légitime, mais aussi le successeur irrégulier. — Du reste, cet article ne refuse le droit de demander le rapport qu'aux créanciers et légataires.

ceux qui ayant été donnés à l'époux ou aux autres successibles sont, d'après le droit commun soumis au rapport. Conséquence : toutes les libéralités entre vifs ou testamentaires faites à un ou plusieurs des successibles sans clause de préciput, devaient se rapporter ; la succession était de la sorte rétablie dans l'état où elle eût été si le défunt n'avait pas fait ces libéralités.

C'est sur cette masse ainsi reconstituée que l'usufruit légal du conjoint survivant devait se calculer et s'exercer. En définitive c'était appliquer la théorie du rapport effectif tel qu'il fonctionne entre cohéritiers.

D'après la Chambre des députés, le système voté par le Sénat en 1877 ne pouvait suffire ; il lui paraissait par trop restreindre la part d'usufruit accordée au conjoint. A son avis, ne comprendre dans la masse sur laquelle l'usufruit sera calculé, que les biens existants dans la succession, c'était conférer au conjoint survivant un droit souvent illusoire.

En effet, un père de famille, après avoir doté ses enfants, peut subir des revers de fortune et ne laisser absolument rien à son décès ; bien plus, après avoir consacré toute sa fortune à l'établissement de descendants, il peut se faire qu'il ne conserve que des droits viagers qui, suffisants pour le faire vivre, s'éteindront avec lui.

Dès lors que le but de la loi est d'améliorer la condition de l'époux survivant, de le mettre à l'abri du besoin pendant son veuvage, il faut, se disait la Chambre, chercher à augmenter la masse sur laquelle se calcule le droit d'usufruit. Or, pour arriver à ce résultat, il suffit d'appliquer les règles de droit commun en matière de rapport[1].

En reprenant l'hypothèse donnée déjà comme exemple : les trois enfants rapporteront leur dot, lesquelles ajoutées aux 20.000 fr. de biens existants fixeront la masse à 80.000. C'est alors seulement sur cette masse totale qu'on calculerait l'usufruit légal du quart. Le droit de jouissance du conjoint survivant portera donc sur 20,000 (au lieu de 5.000 comme dans le système du Sénat).

C'est pour mettre fin à ce dissentiment entre les deux Assemblées qu'un des membres de la commission sénatoriale proposa le système intermé-

---

1. « Il faut agir comme on agirait entre cohéritiers, entre enfants, en famille. Lorsque plusieurs enfants arrivent à la succession, chacun rapporte ce qu'il a reçu du défunt soit par acte entre vifs soit par testament. On réunit les biens rapportés à ceux qui existent dans la succession, et on forme de la sorte la masse totale sur laquelle on fait ensuite le partage. On doit agir à l'égard du conjoint survivant, comme on agirait entre héritiers soumis au rapport ; et alors le conjoint survivant aura son usufruit calculé sur cette masse totale ainsi reconstituée par toute la famille dont il fait lui-même partie, puisqu'il est ou le père ou la mère des héritiers qui vont se faire le partage. » J. off. du 15 novembre 1890, p. 1.032.

diaire qui finit par prévaloir et passer dans l'article 767 du Code civil.

3° *Calcul de la masse d'après la loi du 9 mars 1891*. — Aux termes de l'article 767 nouveau « le calcul sera opéré sur une masse faite de tous les biens existant au décès du *de cujus* auxquels seront réunis fictivement ceux dont il aurait disposé, soit par acte entre vifs, soit par acte testamentaire au profit de successibles, sans dispense de rapport. — Mais l'époux survivant ne pourra exercer son droit que sur les biens dont le prédécédé n'aura disposé ni par acte entre vifs, ni par acte testamentaire... »

Tel est le système qui a été adopté en dernier lieu et dont le promoteur est M. Lacombe.

Le législateur actuel, au dire de M. Delsol [1], n'a pas voulu que l'usufruit du conjoint survivant vînt troubler les détenteurs de biens antérieurement donnés, jetant ainsi parmi les héritiers la perturbation qu'un rapport effectif amène toujours dans le partage des successions. D'autre part, il fallait éviter de calculer cet usufruit d'une manière tellement étroite et mesquine qu'il se réduise à rien, en présence d'une succession qui peut avoir son

---

1. J. off. du 19 novembre 1890, p. 1044, séance du 18 novembre 1890.

importance pour les biens donnés, sinon pour les biens existants.

On a fait remarquer dans la discussion que cette manière de former la masse n'était pas sans analogie dans le Code civil. En effet ce rapport « *fictif* » qui a pour objet de fournir une donnée, un élément de calcul ressemble au mode de calculer la quotité disponible dans une succession dévolue à des héritiers à réserve (art. 922 C. civ.).

D'après l'article 922 (C. Civ.) on doit prendre les biens existants dans la succession et y réunir « fictivement » ceux qui ont été donnés soit à des successibles soit à des étrangers. Par cette réunion fictive on obtient la masse sur laquelle se calcule et la quotité disponible et par suite la réserve.

Mais comme il est facile de le voir, la ressemblance entre le système de l'article 767 et l'art. 922 n'est pas complète.

S'agit-il de former la masse sur laquelle l'usufruit de l'époux sera calculé, alors il faudra réunir aux biens existant dans la succession, non pas ceux donnés à des étrangers, ni ceux donnés à des successibles à titre de préciput et avec dispense du rapport, mais seulement ceux dont le *de cujus* aura disposé soit par acte entre-vifs, soit par acte testamentaire au profit de successibles sans dispense de rapport.

Au contraire, veut-on calculer la quotité disponible et la réserve, on doit faire rentrer fictivement dans cette masse commune tous les biens donnés, soit à des successibles avec ou sans dispense de rapport, soit même à des étrangers.

Nous devons donc conclure que la réunion fictive prescrite par l'article 922 est plus étendue que celle de l'art. 767 établie par la loi nouvelle.

Cette différence de procéder a été justifiée, par cette considération « que le conjoint survivant n'est pas héritier à réserve et qu'il ne peut pas invoquer cette qualité pour exiger la réunion même fictive des biens donnés à des étrangers[1]. »

On a répondu à cette argumentation que les donataires et légataires, en s'appuyant sur l'article 922 peuvent eux-mêmes demander la réunion fictive des biens donnés, avec dispense de rapport aux héritiers réservataires. Pourquoi donc le conjoint survivant, successeur appelé par la loi, n'aurait-il pas la même faculté ?

---

1. Discours de M. Delsol. au Sénat. Séance du 14 novembre 1890. J. off. du 15 novembre 1890. p. 1032.

2. V. la monographie récente déjà citée : *Des droits de l'époux sur le succession de son conjoint prédécédé d'après la législation actuelle par* M. E. Rouard de Card, professeur à la faculté de droit de Toulouse p. 38. — L'auteur aurait préféré qu'on appliquât simplement la règle du rapport réel ou qu'en tous cas, en s'en tenant même un rapport

Il nous semble pourtant que le système inauguré par l'article 767 est conforme au principe de la loi nouvelle qui a pour fondement la volonté présumée du *de cujus*.

En effet, l'époux en faisant des libéralités à un étranger ou bien à un successible avec dispense de rapport n'a-t-il pas par cela même manifesté clairement son intention de soustraire au droit d'usufruit légal les biens sur lesquels portaient ses libéralités? Or, quand par l'article 922, les donataires et légataires peuvent exiger la réunion fictive de tous les biens donnés même à des successibles avec dispenses du rapport, c'est qu'il s'agit de savoir si la quotité disponible a été dépassée et entamée et, dans le cas de l'affirmative, comment ces légataires et donataires devront subir la réduction.

Au contraire, dans l'hypothèse de l'article 767, la question de réduction n'est plus en jeu ; il ne s'agit plus de prendre les dispositions nécessaires à empêcher le *de cujus* d'enfreindre les prescriptions de la loi en portant atteinte à la réserve, puisque l'époux n'y a pas droit, il s'agit simplement d'interpréter la volonté du *de cujus* et de lui attribuer les effets logiques qu'elle paraît comporter.

D'un autre côté, si la loi nouvelle a voulu,

fictif, on se fût contenté de reproduire la théorie de l'art. 922 sans la modifier.

dans une certaine mesure, que le conjoint survivant conserve une existence en rapport avec celle dont il jouissait pendant le mariage, serait-il juste de le faire bénéficier, dans le calcul de l'usufruit légal qui lui revient, de toutes les libéralités antérieurement sorties de la main du défunt et qui ne profitaient plus au ménage commun?

§ V. — *Assiette du droit d'usufruit légal.*

Nous avons constaté que la masse sur laquelle se calcule le droit d'usufruit du conjoint survivant se composait de deux éléments : 1° les biens existant au décès dans la succession *ab intestat.* 2° les biens donnés ou légués à des successibles sans clause de préciput et qui, d'après le droit commun, sont sujets à rapport, pour cette seconde catégorie, le défunt lui-même, comme le conjoint survivant et les héritiers appelés à recueillir la succession, ont dû savoir en effet que ces biens devaient un jour rentrer dans la masse commune et contribuer à la former.

Mais l'émolument ou le profit à retirer de cette masse ainsi déterminée ne peut s'exercer que sur le premier élément, c'est-à-dire sur les biens qui se trouvent dans la succession, autrement dit ceux qui n'ont fait l'objet ni d'une donation ni d'un legs. Ces biens forment donc seuls le gage sur lequel le droit successoral du conjoint pourra s'exercer ; eux seuls constituent l'assiette du droit d'usufruit.

Prenons l'exemple cité précédemment. Le défunt laisse 20.000 fr. de biens en mourant; viennent pour partager la succession : sa veuve et trois enfants, chacun de ces derniers a déjà reçu 20.000 fr. en dot. Les 60.000 ainsi donnés en avancement d'hoirie se réuniront aux 20.000 laissés par le *de cujus* en mourant ; c'est sur cette masse de 80.000 que se calculera le droit d'usufruit du quart accordé à la veuve.

Mais cet usufruit, la veuve pourra-t-elle toujours l'obtenir ? Non. Son émolument peut se trouver diminué ou même totalement absorbé. Supposons en effet que la dot de chaque enfant au lieu d'être de 20.000 ait été de 25.000 : total 75.000. Le droit de la veuve se calculera toujours sur la masse de 80.000 et sera nominalement de 20.000, mais comme il n'y a plus que 5.000 dans la succession et que c'est seulement sur cette somme que s'exerce l'usufruit légal, le droit de la veuve sera donc réduit à 5.000.

Il suffirait même que le mari eût légué ces 5.000 à un étranger ou à un de ses enfants avec clause de préciput pour que la part de la femme fût complètement réduite à néant.

En résumé si les biens qui restent dans la succession sont suffisants pour parfaire la part du conjoint survivant, celui-ci pourra exercer d'une façon efficace le droit d'usufruit légal que lui recouvrait l'article 767.

Ces biens sont-ils insuffisants au contraire pour parfaire cette part, pour la compléter, il n'y aura jamais lieu d'exiger des successibles le rapport réel des biens qui leur ont été donnés. L'époux sera donc forcé de se contenter de ce qui reste dans la succession, et s'il ne reste pas assez, de supporter le déficit.

Droit de réserve. — En décidant que le conjoint survivant ne peut exercer son droit d'usufruit sur les biens dont l'époux prédécédé a disposé par donation ou testament, le législateur manifestait son intention de ne pas conférer à l'usufruit légal le caractère de réserve.

Ce nouveau droit successoral est donc susceptible d'être en fait diminué ou même complètement réduit à néant par des dispositions entre vifs ou testamentaires. N'étant pas une réserve, il est naturel qu'il ne puisse davantage porter atteinte aux différentes réserves reconnues et sanctionnées par le Code civil. C'est aussi ce que décide l'art. 767 nouveau «..... et sans préjudicier aux droits de réserve ni aux droits de retour. »

En conséquence, si un héritier réservataire vient réclamer sa réserve sur les biens existants, celle-ci passera toujours avant l'usufruit du conjoint.

Il en serait également ainsi pour la réserve que les articles 756 et 761 attribuent implicitement à l'enfant naturel sur les biens de ses père et mère ; cela a été reconnu dans la discussion de la loi nouvelle.

Pour qu'un conflit s'élève entre les réservataires et le conjoint survivant, il faut évidemment supposer que les libéralités entre vifs ou testamentaires aient entamé ou épuisé la quotité disponible, de telle sorte que les biens restant ne puissent suffire à remplir d'une part les héritiers de leur droit de réserve et d'autre part le conjoint de son droit d'usufruit.

Droit de retour. — L'article 767 dit également que le droit d'usufruit du conjoint survivant ne peut non plus préjudicier « aux droits de retour. » Cette expression générale doit s'appliquer au droit de retour conventionnel comme au droit de retour légal. Rappelons à cet égard, d'après les articles 351, 747, 766. C. Civ. et sans entrer dans plus de détails qu'il y a succession anomale : 1° au profit de l'ascendant donateur, 2° au profit du père adoptif. 3° au profit des enfants légitimes d'un père qui a un enfant naturel.

Ainsi donc le droit d'usufruit légal, créé par la loi du 9 mars 1891 au profit du conjoint survi-

vant, peut être anéanti non-seulement par les libéralités entre vifs ou testamentaires faites par
l'époux prémourant à un autre qu'à son conjoint,
mais aussi par les droits de réserve et de retour
reconnus par la loi. Mais ce droit successoral
fût-il complètement annihilé que le conjoint survivant n'en sera pas pour cela réduit à la misère,
car la loi nouvelle lui accorde, à tout événement,
une créance d'aliments à prendre sur la succession du prédécédé.

§ VI. — *Imputation des libéralités.*

Le conjoint survivant qui ne peut exiger des
héritiers et successibles le rapport effectif des
biens donnés ou légués par le *de cujus* est-il lui-
même tenu au rapport?

L'article 767 dispose que l'époux survivant ces-
sera d'exercer son droit d'usufruit « dans le cas où
il aura reçu du défunt des libéralités, *même faites
par préciput et hors part*, dont le montant attein-
drait celui des droits que la présente loi lui attribue,
et si ce montant était inférieure, il ne pourrait réclamer que le complément de son usufruit. »

En d'autre termes, si le conjoint survivant n'est
pas tenu au rapport, il doit toujours imputer sur

l'usufruit auquel il a droit les libéralités qui lui ont été faites par l'époux prédécédé.

C'est vouloir l'empêcher de cumuler le droit d'usufruit légal avec les libéralités à lui faites par le *de cujus*. Par conséquent, si le montant de ces libéralités atteint le montant des droits fixés par la loi, le survivant n'a plus rien à réclamer ; s'il est au contraire inférieur, il peut demander le complément de son usufruit à la condition, comme nous le savons déjà, de ne porter atteinte ni aux réserves ni aux droits de retour.

On peut donc dire qu'il n'y a pas à considérer à quel titre le conjoint survivant a reçu sa part ; pourvu qu'il la reçoive que ce soit comme donataire, comme légataire ou à titre héréditaire, la loi se déclare satisfaite.

Supposons, par exemple, un patrimoine total de 80.000 fr. L'époux qui prédécède avait donné ou légué à sa veuve l'usufruit de 40.000 fr. et il ne laisse à sa mort que des cousins éloignés pour venir à sa succession. Nous savons qu'aux termes de l'article 767 la veuve a droit à l'usufruit de la moitié, c'est-à-dire à l'usufruit de 40.000. Mais comme le testament lui attribue précisément cette part d'usufruit, elle ne peut plus rien prétendre sur la succession *ab intestat* de son mari.

Le legs consistait-il au contraire en un usufruit

de 10.000 ? la veuve pourra réclamer le complément de sa part, c'est-à-dire l'usufruit de 30.000 fr.
à titre successoral[1].

Que l'époux ne puisse cumuler quand le *de
cujus* ne lui a pas expressément conféré cet avantage, sa qualité de donataire ou légataire avec
celle de successeur *ab intestat*, cela n'a pas besoin
d'explication et se comprend parfaitement.

Mais ne doit-on pas se demander pourquoi la loi
défend au conjoint survivant de cumuler avec son
droit successoral d'usufruit, une libéralité qui lui
a été expressément faite par préciput et hors part,
quand cette libéralité jointe à son droit d'usufruit
ne dépasse pas la quotité disponible entre époux ?
Voici par exemple un mari qui meurt en laissant
sa veuve et des enfants issus de son mariage. A sa
femme il avait donné ou légué avec clause préciputaire, l'usufruit du quart de ses biens ; cette li-

---

1. Le texte voté par le Sénat allait encore plus loin en déclarant
que le conjoint ne recueillerait pas d'usufruit, quand ses droits
auraient été réglés soit par contrat de mariage, soit par donation, soit par testament. Mais la Chambre a refusé avec raison de
sanctionner une pareille disposition qui aurait rendu illusoire le droit
du conjoint survivant. En effet, une libéralité insignifiante destinée à
régler par avance les droits des époux serait devenue de style dans
les contrats de mariage, les parents qui y participent étant toujours
préoccupés d'assurer à leur propre famille la conservation des biens
donnés aux futurs conjoints au moment du contrat de mariage. La
réforme accomplie par la loi nouvelle eût été ainsi paralysée et presque annihilée dans la pratique.

béralité il pouvait la faire, puisque l'art. 1094. C. civ. dans cette hypothèse reconnaît aux conjoints le droit de se donner un quart en pleine propriété et un quart en usufruit ou la moitié des biens en usufruit seulement.

Cependant cette veuve à qui son mari défunt a légué expressément *par préciput* un quart en usufruit ne pourra plus rien réclamer sur la succession; elle ne peut plus prétendre à l'usufruit du quart de l'art. 767. Dès lors la volonté du *de cujus* qui s'était pourtant manifestée d'une façon claire et précise ne semble plus respectée puisque la clause préciputaire de la disposition ne produira pas son effet ordinaire.

Le législateur de 1891 ne s'est pas préoccupé de cette objection et il a décrété que dans tous les cas le conjoint survivant devait imputer sur l'usufruit auquel il a droit, les libéralités qui lui ont été faites par l'époux prédécédé. « Notre commission, disait le rapporteur au Sénat, croit qu'il convient d'assurer simplement à l'époux la quotité d'usufruit que le projet lui attribue, et qu'il ne faut ni rester en deçà ni aller au-delà du but que la loi se propose. En conséquence, si le montant des libéralités égale ou dépasse celui de l'usufruit, le but de la loi est pleinement atteint, et l'époux n'a rien de plus à réclamer du chef de son droit usufructuaire [1]. »

Ainsi quand même le *de cujus* l'aurait voulu, le conjoint survivant ne pourra pas cumuler avec son droit successoral les libéralités qui lui ont été faites par le *de cujus*.

Quelle est maintenant la raison qui a fait adopter par le législateur cette prohibition absolue du cumul? A vrai dire, elle ne se dégage pas des travaux préparatoires de la loi du 9 mars 1891 et l'objection que nous soulevions par l'exemple précédent ne paraît pas avoir été présentée dans les discussions qui eurent lieu à la Chambre des députés et au Sénat.

Mais, après tout, cette prohibition n'est pas aussi critiquable qu'elle peut paraître au premier abord. Elle ne porte en aucune façon atteinte au droit, qui reste intact, de l'époux de disposer en faveur de son conjoint dans la limite de la quotité disponible ; elle limite simplement les moyens dont il pourra user pour réaliser ses intentions libérales. Le mari veut-il que sa femme puisse jouir, à son décès, de la moitié de ses biens, c'est-à-dire qu'elle recueille toute la quotité d'usufruit que le Code civil permet aux époux de se donner dans le cas où il y a des enfants du mariage [2], qu'il procède

1. Rapport de M. Delsol. (Sénat, cession de 1890, annexe, p. 12).
2. Il est important d'ajouter que, si le conjoint survivant doit im-

d'une façon ostensible et directe par une disposition entre vifs ou testamentaire.

Si la clause préciputaire avait autorisé le cumul,
n'eût-il pas été à craindre qu'elle ne devînt de style
dans tous les contrats de mariage où les époux se
seraient fait des donations. Elle aurait participé de
l'irrévocabilité de ce contrat au détriment de la liberté des parties. Produisant ses effets ordinaires,
elle eût risqué, de plus, d'être accordée peut-être à
la légère par celui, qui pendant le mariage, prend
des dispositions libérales en faveur de son conjoint.

§ VIII. — *Caractères de ce droit successoral d'usufruit.*

Le droit d'usufruit accordé au conjoint survivant est un usufruit légal ; sa création porte donc
à deux le nombre des usufruits légaux réglés par
le Code civil.

Le premier est celui de l'article 754 ; nous avons
déjà eu l'occasion de le citer à propos de sa combinaison avec le nouvel article 767 [1].

puter sur son droit d'usufruit le bénéfice de libéralités qu'il a reçues
de l'époux prédécédé, il peut au contraire cumuler son droit d'usufruit avec les avantages qui lui ont été réservés par la loi ou par
contrat de mariage, lorsque ces avantages n'ont pas le caractère de
libéralités. (V. article 1465. 1481, 1495, 1516, 1525, 1527 et 1570, C. civ.).

1. Le droit de jouissance des père et mère sur les biens de leurs
enfants mineurs et le droit de jouissance du mari sur les biens de
sa femme ne sont pas des usufruits proprement-dits.

Nous trouvant en présence d'un usufruit, nous devons appliquer les règles ordinaires qui régissent ce droit, l'époux survivant bénéficiaire du droit d'usufruit devra donc fournir caution, aucun texte légal n'étant venu l'en dispenser (art. 601 C. civ.).

Enfin le nouvel usufruit légal de l'article 767 est un usufruit à titre universel puisqu'il ne porte que sur une quote-part du patrimoine.

Conversion de l'usufruit en rente viagère. — Un des caractères particuliers de cet usufruit, c'est qu'il peut être converti en une rente viagère, ainsi que le décide une disposition spéciale de la loi nouvelle.

Cette particularité qui a été empruntée du Code civil italien se justifie facilement par elle-même et a reçu une approbation unanime. En effet, la création d'un usufruit successoral en faveur du conjoint survivant devait forcément avoir pour effet de charger d'usufruit un grand nombre de successions. Or, l'existence d'un tel droit présente toujours des inconvénients ; outre les difficultés et les chicanes que fait naître son exercice, sa simple existence est toujours une entrave à la libre circulation des biens et rend les nu-propriétés difficilement transmissibles. N'allait-on pas encore entraver la vente et l'achat des propriétés et partant préjudicier à la richesse publique?

C'est donc pour répondre à ces critiques qu'il fut décidé que les héritiers du *de cujus* pourraient exiger « moyennant sûretés suffisantes, que l'usufruit de l'époux survivant soit converti en une rente viagère équivalente. »

Cette conversion a été établie dans un but d'intérêt général ; elle aura en même temps l'avantage de faciliter le règlement des successions ; par elle les héritiers pourront recouvrer la pleine disposition des biens qui doivent leur revenir un jour, et le conjoint survivant verra ainsi son droit de jouissance fixé d'une manière plus rapide que n'aurait pu le faire une liquidation souvent compliquée et toujours onéreuse.

Mais ce droit de demander la conversion de l'usufruit, en rente viagère, n'est pas réciproque, il appartient aux héritiers et non au conjoint survivant. La veuve, par exemple, n'a pas de droit d'option qui lui permette de venir réclamer en nature son droit d'usufruit ou de demander simplement son équivalent en rente viagère.

Cette faculté de réclamer la conversion de l'usufruit appartient à tous les héritiers et à chacun d'eux ; mais pour que le tribunal à qui elle est demandée soit dans l'obligation de la prononcer, il faut que les héritiers tombent d'accord, sinon, elle peut être refusée. Le tribunal restera du reste toujours libre pour apprécier la suffisance ou l'insuffisance de sûreté en cas de contestation des héritiers sur ce point.

Jusqu'à quel moment les héritiers pourront-ils réclamer la conversion? jusqu'au partage définitif, répond l'article 767.

Il était, en effet, nécessaire de fixer un délai pour l'exercice de ce droit; autrement la situation de l'époux fût demeurée incertaine et soumise à la discrétion d'héritiers souvent peu bienveillants à son égard.

Au moment du partage, les héritiers devaient connaître la force de la succession, ils sont donc à même de prendre en connaissance de cause le parti qui leur semble le plus avantageux; ils ne peuvent donc se plaindre si la loi leur fixe une limite à l'exercice de leur droit.

D'un autre côté, l'époux survivant, quoiqu'il ne puisse réclamer la conversion de son droit d'usufruit en rente viagère, n'en reste pas désarmé pour autant. A supposer en effet qu'il n'y ait pas eu de partage d'opéré, soit parce qu'il n'y avait qu'un seul héritier, soit parce qu'ils sont tous d'accord pour l'ajourner, l'époux peut lui-même sortir d'incertitude en exerçant contre les héritiers l'action en partage qui lui appartient sans conteste du chef de son usufruit.

Ainsi actionnés, les héritiers seront obligés de prendre parttie et d'opter entre la délivrance de l'usufruit ou sa conversion en rente viagère; en cas de désacord entre eux, les tribunaux trancheront le différend et décideront si l'usufruit doit être maintenu ou la conversion opérée. Peu importe, du reste, l'époque à laquelleest intervenu le partage[1].

Il n'est pas sans intérêt de remarquer qu'au cas où il s'agirait d'un usufruit conventionnel constitué par l'un des époux à l'autre, soit par contrat de mariage, soit pendant la durée de l'association conjugale; le droit de conversion de l'usufruit en rente viagère n'existerait pas sans disposition spéciale à ce sujet. Un amendement avait bien été

---

1. La Chambre des députés voulait que les héritiers fussent obligés d'exercer leur droit d'option dans l'année du décès quand le partage n'aurait pas eu lieu dans ce délai. Mais le Sénat repoussa avec raison une pareille disposition. « Du moment que l'époux a le droit d'agir à son heure pour fixer sa situation, il est inutile et il serait quelquefois fâcheux d'imposer aux héritiers un délai pendant lequel ils devraient, à défaut de partage, se prononcer sur l'alternative qui leur appartient. Tout d'abord, ils peuvent ne pas être dans l'année du décès, en état de bien juger la situation et de prendre un parti en pleine connaissance de cause. Ensuite les obliger à se prononcer quand l'époux ne leur demande pas et qu'il croit peut-être n'avoir aucun intérêt à le leur demander, c'est provoquer entre eux une délibération qui peut devenir la cause de dissentiment, et qui, dans tous les cas, ne présente aucun avantage immédiat. » Sénat. Session de 1890. J. off. annexes, p. 12. Discours de M. Delsol.

présenté au Sénat en 1877, afin d'étendre à l'usufruit conventionnel entre époux, le principe de conversion qu'on rendait facultatif à l'égard de l'usufruit légal. Mais il lut repoussé avec raison ; car son auteur, dans la pensée assez louable de supprimer un plus grand nombre d'usufruit dans le règlement des successions, n'en portait pas moins une grave atteinte à la convention en permettant aux héritiers du *de cujus* de substituer une simple rente viagère à l'usufruit que les parties avaient constitué en nature.

§ VIII. — *Extinction du droit d'usufruit légal.*

Comment le droit d'usufruit légal du conjoint survivant prendra-t-il fin ?

Outre les causes ordinaires qui mettent fin à tout usufruit comme le décès du titulaire du droit et l'abus de jouissance, il faut signaler une cause d'extinction spéciale créée par la loi nouvelle.

L'article 767 dispose « en cas de nouveau mariage, l'usufruit du conjoint cesse s'il existe des descendants du défunt. »

Cette cause de déchéance spéciale qui atteint l'usufruit du conjoint [1] est établie en faveur des

---

1. Elle ne peut atteindre le droit de succession en pleine propriété puisque le droit ne peut naître qu'au cas où le défunt ne laisse aucune descendance.

parents en ligne descendante, ceux-ci en effet sont plus dignes d'intérêt que le conjoint dont le sort est assuré par le nouveau mariage. Une telle solution est du reste conforme à la volonté probable du *de cujus*, laquelle sert de fondement au nouveau droit d'usufruit légal.

On se tromperait donc gravement en considérant cette cause d'extinction comme une peine destinée à frapper le convol du conjoint survivant; celui-ci, en contractant une nouvelle union, ne fait en somme qu'user d'un droit qui ne saurait lui être contesté.

Le législateur moderne ne doit pas prononcer des peines contre le second mariage; frapper le convol du survivant serait injuste et contraire à l'intérêt social. En revanche, il est nécessaire qu'il prenne des mesures de protection en faveur des enfants de l'époux prédécédé; ceux-ci, en effet, après le convol du survivant, se trouveront en présence d'un étranger avec lequel les relations d'usufruitier à nu-propriétaire deviendraient difficiles et dont les sentiments d'affection à leur égard seront le plus souvent des plus limités.

« Cette cause de déchéance, lit-on dans le rapport de la Chambre des députés, répond aux dispositions écrites dans l'article 386 du

Code civil et dans la loi du 14 juillet 1866 [1]. »

Il faut toutefois remarquer que la disposition finale de l'article 386 ne vise que la femme qui se remarie en lui faisant perdre son droit de jouissance sur les biens des enfants mineurs issus du premier mariage. Au contraire, la déchéance de l'usufruit légal prononcée par l'article 767 s'applique aussi bien à l'homme qu'à la femme qui contracte un nouveau mariage.

D'autre part, la loi de 1866 va plus loin que l'article 767 ; à la différence de ce dernier, elle ne se contente pas d'exclure le conjoint survivant qui se remarie, alors que le prédécédé avait laissé des descendants, elle prononce la déchéance dans tous les cas qu'il existe ou non des enfants du précédent mariage.

D'où vient le défaut de concordance de ces deux dispositions législatives ? Le législateur de 1866 a peut-être cru se montrer plus fidèle interprète de la volonté du *de cujus* en prononçant toujours en cas de convol la déchéance du conjoint survivant ; sa décision a pu, d'autre part, être influencée par le caractère tout spécial de la propriété littéraire. Quoi qu'il en soit, le législateur de 1891 s'est montré moins rigoureux que son devancier et il ne décrète en cas de convol l'extinction du droit successoral

1. Chambre des députés, 20 mars 1886. Rapport de M. Piou.

d'usufruit que s'il existe des descendants du défunt.

Cette déchéance qui est établie en faveur des enfants et petits-enfants du *de cujus* n'en constitue pas moins, dans une certaine mesure, une entrave à la liberté du survivant de contracter un nouveau mariage, ce n'est pas un empêchement à son convol, nous le voulons bien, mais c'est toujours une prime offerte d'une manière détournée à celui qui persiste dans le veuvage. L'intérêt social, qui loin de prohiber les seconds mariages doit au contraire s'en réjouir, réclamait donc que la déchéance de l'article 767 fût limitée autant que possible et établie simplement pour protéger la descendance du conjoint prédécédé.

Nous avons vu que le droit successoral d'usufruit accordé au conjoint survivant a pu être converti en rente viagère équivalent sur la demande des héritiers du défunt. Il est certain que si ce droit de jouissance a été ainsi converti, la rente viagère qui était destinée à s'éteindre naturellement au décès du bénéficiaire, devra prendre fin en cas de convol du conjoint survivant lorsqu'il existe des descendants du précédent mariage.

§ IX. — *Combinaison de l'article 767 avec les lois spéciales postérieures au Code civil.*

L'art. 767 c. civ. établit comme règle de droit

commun un usufruit légal en faveur du conjoint survivant ; mais abroge-t-il ou modifie-t-il les dispositions des lois spéciales qui étaient entrées auparavant dans la même voie ?

Cette question fut soulevée par un amendement présenté au Sénat par M. Bozérian [1]. Son auteur demandait quelle serait l'influence de la loi en discussion d'une part sur celle de 1866 qui attribue à l'époux survivant un droit de jouissance sur la propriété littéraire de l'auteur prédécédé et d'un autre côté sur la loi du 25 mars 1873 qui reconnaît un droit spécial de succession en faveur de l'épouse du déporté. Le droit d'usufruit créé notamment par la loi de 1866 devra-t-il s'ajouter et se superposer à l'usufruit légal de l'art. 767 ou ces deux droits devront-ils se fondre l'un dans l'autre en cas où il y aura lieu de les appliquer simultanément ?

La pensée du législateur à cet égard se trouve expliquée dans la réponse faite à l'auteur de l'amendement par M. Lacombe parlant au nom de la commission du Sénat.

« Il est bien évident que ces lois spéciales contribuent à recevoir leur application. Si elles contiennent une dévolution d'une nature spéciale pour une partie des biens du défunt, cette loi de

____

1. Séance du Sénat du 2 décembre 1890. V. également un article de M. Lyon-Caen dans le droit du 31 mars 1890.

dévolution sera respectée. Mais, quant au surplus de la succession, ce sont les règles du Code civil modifiées désormais par notre loi qui devront recevoir leur application dans l'avenir... il s'agit en quelque sorte de successions distinctes ; l'une, relative aux droits d'auteur, sera réglée par la loi de 1866 ; et quant au surplus des biens, la dévolution est réglée par le Code civil, sans que dans aucun cas le droit de réserve puisse recevoir aucune atteinte. » Les modifications introduites en 1891 dans la loi générale du Code civil ne sauraient déroger aux dispositions des lois spéciales établies auparavant : *Generalia specialibus non derogant.*

Section III. — Caractère du droit successoral de l'époux survivant.

§ I. — *Principe. Successeur irrégulier.*

Le Code civil avait déjà placé l'époux au rang des successeurs irréguliers ; le nouvel article 767 qui lui reconnaît des droits successoraux plus étendus, ne l'en fait pas sortir.

Ainsi quelque soit la nature et l'étendue des droits de succession attribués par la loi du 9 mars 1891 au conjoint survivant, celui-ci, qu'il vienne à la pleine propriété ou ne prétende qu'à un simple droit d'usufruit, ne sera toujours qu'un successeur irrégulier. Jamais il ne pourra se prévaloir du titre d'héritier et de continuateur de la personne attachée à ce titre.

C'est ce que constatait M. Delsol au Sénat quand il disait : « L'usufruit accordé au conjoint survivant a le même caractère que la succession irrégulière à laquelle ce conjoint peut être appelé, si le défunt n'a laissé ni héritier au degré successible, ni enfant naturel. En d'autres termes, cet époux recueille cet usufruit comme un droit simplement successoral et non comme un droit héréditaire, et en recueillant son usufruit il ne prend pas placé parmi les héritiers légitimes [1]. »

Cette solution résultait au surplus de la place même de l'article 767 dans le chapitre IV (tit. 1 livr. 3) qui est consacré aux successions irrégulières.

§ II. — *Conséquences.*

Sachant que le conjoint survivant n'est toujours que successeur irrégulier, indiquons-en les principales conséquences.

1. Séance au Sénat du 14 novembre 1890. J. off. du 15 novembre 1890, p. 1.031. — V. aussi Rapport de M. Delsol au Sénat (Session de 1877, J. off. 1877, p. 1638, et session de 1890, J. off. annexes, 1890, p. 104.

1º Le conjoint survivant n'ayant pas la qualité d'héritier ne peut prétendre à la *saisine* légale qui en découle. Comme tout successeur irrégulier, il devra demander la délivrance de son usufruit aux héritiers légitimes qui seuls sont investis de la possession des biens héréditaires. Cette délivrance pourra se faire volontairement ou par voie judiciaire.

Vient-il en concours avec des parents naturels auxquels la loi reconnaît un droit de succession (enfants naturels, père et mère naturels, frères et sœurs naturels), qu'il devra encore, pour obtenir la délivrance, s'adresser à ces parents qui auront préalablement obtenu l'envoi en possession.

Enfin si le *de cujus* n'a laissé ni parenté légitime ou naturelle; le conjoint survivant sera toujours dans l'obligation, comme sous l'empire du Code civil, de demander l'envoi en possession au tribunal de première instance dans le ressort duquel la succession s'est ouverte. Le tribunal (art. 770. C. civ.) ne pourra statuer sur la demande qu'après trois publications et affiches dans les formes usitées, et après avoir entendu le Procureur de la République.

2º Quelle sera maintenant la situation du conjoint survivant dans le règlement des dettes de la succession ?

D'abord l'époux qui recueille en pleine propriété la succession de son conjoint prédécédé est
toujours soumis aux obligations que lui imposent
les articles 169 à 772 du Code civil ; il devra donc,
au décès du *de cujus,* faire apposer les scellés et
procéder à l'inventaire dans la forme prescrite
pour l'acceptation des successions sous bénéfice
d'inventaire. Il n'est rien innové aux règles ordinaires prescrites à cet égard par le Code civil[1].

Quant à l'époux bénéficiaire de l'usufruit successoral, voici comment le rapporteur de la loi
nouvelle à la Chambre des députés s'exprimait sur
son compte[2]. « Il suffit de bien définir la
situation légale de l'époux bénéficiaire de l'usufruit et de le désigner comme un successeur irrégulier pour que la question de la contribution
aux dettes se trouve aussitôt tranchée. Le successeur irrégulier n'y contribue en effet qu'en propor-

1. Ce n'est qu'après l'envoi en possession que l'époux tombe sous le
coup des poursuites des créanciers de la succession. Pour la question
de savoir comment l'époux est obligé aux dettes, la jurisprudence (Cass.
13 août 1851. Sir. 1851, 1, 657) semble exiger une déclaration au greffe
de l'acceptation bénéficiaire, si le conjoint veut n'être tenu qu'*intra
vires* (Demolombe, t. XIII, p. 205 et s.). Mais d'après une autre opinion soutenue par les auteurs (Aubry et Rau, t. VI, p. 706) les successeurs irréguliers ne sont jamais tenus que dans la limite de leur
émolument ; la déclaration au greffe ne serait donc pas indispensable.

2. Discours de M. Piou. Séance de la Chambre des députés du 26 février 1891, J. off. du 27, p. 448.

tion de son émolument, et cela en vertu des principes généraux de notre législation civile. Comment agira-t-on pour la liquidation et le règlement de l'usufruit?

Evidemment d'après les bases posées par la loi elle-même dans l'article 612 C. civ. C'est à cet article que la loi réfère sans avoir besoin de le déclarer expressément, car il édicte le principe général en matière d'usufruit.»

En résumé, le conjoint qui recueille la succession en pleine propriété n'est tenu des dettes que comme l'héritier sous bénéfice d'inventaire et jusqu'à concurrence des forces de la succession.

En ce qui concerne l'époux auquel est attribué un droit d'usufruit, non seulement la part du passif qu'il suppose ne peut dépasser la part de l'actif qu'il recueille ; mais elle est restreinte dans les limites de l'article 612. C. civ., lequel indique comment l'usufruitier universel ou à titre universel (comme c'est le cas présent) doit contribuer avec le propriétaire au paiement des dettes.

L'époux devra donc contribuer au paiement des lettres de la succession dans une mesure proportionnelle à la quote part sur laquelle porte son usufruit. Cette proposition une fois établie, il aura l'option entre deux partis. Avancer le capital correspondant à sa part contributoire, sauf aux héritiers à le lui rembourser sans intérêts à la fin de l'usufruit ; ou laisser les héritiers acquitter eux-mêmes cette part des dettes de la succession, sauf à leur en payer les intérêts jusqu'à sa mort.

Supposant que la succession laissée par le *de cujus* est grevée de 10.000 de dettes. Sa veuve ainsi qu'un ou plusieurs enfants viennent se la partager. Le droit de la veuve est dans le cas présent du quart ; celle-ci devra donc supporter 5.000 de dettes en vertu de l'article 612 ; mais si elle en fait l'avance, ses héritiers quand elle mourra pourront réclamer cette somme aux héritiers du conjoint prédécédé.

Section IV.—Droits de mutation à percevoir.

Quelle est la quotité du droit de mutation à percevoir par l'administration de l'Enregistrement ?

Sous l'empire de l'ancien article 767, C. civ., c'est-à-dire lorsque le conjoint survivant, à défaut de toute parenté du *de cujus*, venait à la pleine propriété des biens de la succession, le droit à payer était de 9 pour 100 [1]. Il en sera encore de même aujourd'hui dans le cas où le prédécédé ne

1. Combiner les textes suivants : loi du 28 avril 1816 art. 53 ; loi du 21 avril 1832 art. 34 ; loi du 18 mars 1850 art. 10.

laisse pas d'autres successibles que l'époux ; celui-ci en effet n'hérite ici qu'à défaut de parents, et, en quelque, sorte, comme étranger, aussi est-il passible d'un droit élevé.

Mais quelle sera le droit de mutation applicable au droit de succession en usufruit, établi par le nouvel article 767 ?

Il résulte clairement de la discussion qui a eu lieu à la Chambre des députés, avant le vote définitif de la loi du 9 mars 1891, que c'est le droit de 3 pour 100 qu'on appliquera à l'usufruit créé par le nouvel article 767 [1]. Afin de résoudre explicitement la question, un député avait proposé un amendement dans la crainte que l'Enregistrement ne réclamât 9 pour 100, droit qui lui est dû quand l'époux survivant, en vertu d'une donation ou d'un testament, vient concourir avec les héritiers de l'époux prédécédé pour recevoir une portion quelconque de la succession.

Cet amendement fut retiré par son auteur, mais il fut bien spécifié que la volonté du législateur était que le nouveau droit successoral ne fût soumis qu'à une perception de 3 pour 100.

Comme on l'a dit, la loi de 1891 donne au conjoint survivant un droit nouveau dans la succes-

---

1. Discours de M. Taudière (Ch. des députés, séance du 26 février 1891, J. off. p. 448) et discours de M. Piou, id. p. 449.

sion *ab intestat*, parce qu'elle l'assimule en quelque sorte à un parent venant en concours avec des parents. A ce titre, quoique successeur irrégulier, il ne peut être soumis aux droits dont les étrangers sont seuls passibles et dont il est passible lui-même quand il hérite à défaut de parents.

En résumé le droit de 9 pour 100 continuera à s'appliquer aux successions recueillies par l'époux lorsque le prédécédé ne laisse pas d'héritiers au degré successible.

D'autre part, le fisc percevra un droit de 3 pour 100, non seulement dans les successions testamentaires, mais aussi dorénavant dans les successions *ab intestat*, c'est-à-dire dans un plus grand nombre de successions où l'époux survivant sera appelé à prendre une part en usufruit dans la succession de l'époux prédécédé [1].

Les ressources que procurera de ce chef à l'Etat l'application de la loi nouvelle ont été évaluées à la somme de 3 millions pour le budget de l'exercice 1892.

---

1. A ces droits de 3 et 9 pour 100 il faut bien entendu ajouter 2 décimes 1/2 par franc. Loi du 23 août 1871 art. 1er et loi du 30 décembre 1872, art. 2.

CHAPITRE II

DROIT DE CRÉANCE ALIMENTAIRE DU CONJOINT SURVI-
VANT — NOUVEL ART. 205, C. CIV.

Le second article [1] de la loi du 9 mars 1891 est venu compléter l'article 205 du Code civil en accordant dans toutes les circonstances au conjoint survivant *qui est dans le besoin* une créance alimentaire contre la succession du prémourant.

La reconnaissance du droit à pension a été considérée par le législateur comme le complément nécessaire et indispensable de la réforme qui attribuait un droit d'usufruit au conjoint survivant.

Sous l'empire du Code, en effet, à la dissolution de l'association conjugale, le conjoint pauvre ne pouvait réclamer des aliments qu'à ses enfants ; à défaut de ceux-ci, il ne pouvait en réclamer à la succession de l'époux prédécédé [2].

---

1. L'art. 3 et dernier de la loi déclare qu'elle est applicable aux colonies ; il a été ajouté par le Sénat sur la demande de M. Isaac.

2. L'époux survivant ne peut non plus en réclamer à ses beau-père et belle-mère lorsqu'il n'y a pas d'enfants issus du mariage, car alors l'alliance, fondement du droit alimentaire, est détruite (art. 206, C. civ.).

Ainsi les enfants adultérins et incestueux avaient une créance d'aliments contre la succession de leur père et mère (art. 762, C. civ.) Bien plus, dans le silence du Code, la jurisprudence et la majorité des auteurs décidaient depuis longtemps que des aliments sont dus même à l'époux contre lequel la séparation de corps a été prononcée.

Comment dès lors le législateur de 1891 aurait-il pu sans injustice refuser un droit analogue à l'époux qui se trouve plongé dans la gêne et la misère à la mort de son conjoint. Cette mort a brisé le lien conjugal, a mis fin aux devoirs et aux obligations résultant du mariage ; mais n'est-il pas moral aussi bien que juste de proclamer que le devoir de secours et d'assistance persiste ou plutôt que ses effets ne cessent pas avec la vie de l'époux et se manifestent encore en faveur du survivant malheureux ?

La création du droit d'usufruit légal réalisé dans l'article 767 avait déjà eu pour effet de relever la condition du conjoint survivant en lui reconnaissant des droits sérieux et importants dans la succession du prédécédé, mais suffisait-elle toujours à le mettre à l'abri du besoin ? En aucune façon. Nous savons en effet que ce nouveau droit successoral, fondé sur volonté présumée du *de cujus*, disparaît devant la manifestation d'une volonté contraire. L'époux qui prédécède a-t-il distribué toute sa fortune entre ses parents ou en a-t-il même gratifié des étrangers que le survivant n'a rien à dire, puisqu'il ne peut prétendre à une réserve. La succession a même pu être absorbée par les droits de retour et de réserve auxquels le nouvel usufruit légal ne peut *préjudicier*.

Il peut donc se faire que le conjoint survivant soit en fait, dans bien des cas, privé en tout ou en partie de l'usufruit que la loi lui accorde à titre de droit successoral. S'il n'a pas de fortune personnelle, sa situation resterait donc des plus précaires sous la seconde innovation de la loi du 9 mars 1891. « Une législation qui ne vient pas au secours de l'époux malheureux, alors qu'elle le peut faire sans blesser aucun droit, manque de prévoyance et d'équité, » écrivait le rapporteur à la Chambre des députés [1].

L'obligation alimentaire de la succession du prédécédé à l'égard du conjoint survivant conserve le même fondement que celle qui résulte de la parenté; qu'il s'agisse de l'épouse ou des parents, c'est toujours le *besoin* du titulaire du droit qui sert de cause et de mesure à la créance d'aliments [2].

---

1. V. Annexe au procès-verbal de la séance du 29 janvier 1890. Rapport de M. Piou, p. 16-2.

2. L'expression « dans le même cas » de l'art. 205, se rapporte aux mots « qui sont dans le besoin » de la phrase précédente.

A la différence de l'usufruit de l'art. 767, ce n'est pas sur l'affection présumée du *de cujus* qu'elle repose, elle est l'acquittement de dettes contractées par le fait même du mariage. Il faudra au surplus lui appliquer les règles générales reconnues en matière de créance alimentaire [1].

Après avoir obtenu sa pension l'époux survivant qui était alors dans le besoin a pu voir sa situation pécuniaire se modifier ; des donations importantes lui sont faites après fixation de sa créance alimentaire, une succession plus ou moins opulente lui est échue. Cet accroissement de fortune est-il suffisant pour subvenir aux besoins de l'époux ? La pension pourra dès lors être diminuée ou même complètement supprimée.

Le conjoint survivant ne peut en effet conserver cette pension après la cessation de ses besoins, car il la recevait alors non plus à titre de créance alimentaire, mais à titre de droit successoral, ce qui serait évidemment contraire à la pensée de la loi.

Les débiteurs de cette dette auront donc grand intérêt à surveiller les fluctuations de fortune que subit le bénéficiaire de la créance.

---

1. V. discours de M. Lacombe au Sénat. Séance du 2 décembre 1890, J. off. du 8 déc. p. 1110.

Toutefois, si la pension de l'époux peut être diminuée après sa fixation, il ne faudrait pas croire que la réciproque soit vraie, c'est-à-dire que le conjoint puisse par la suite venir réclamer un supplément de pension alimentaire sous prétexte d'une diminution de ses ressources et d'une augmentation de ses besoins.

L'état de la succession, qui est en réalité la véritable débitrice, doit se fixer définitivement à l'heure de son ouverture ; aussi les besoins auxquels la pension alimentaire est destinée à pourvoir doivent-ils exister au moment du décès ou se manifester dans une période voisine.

Le règlement de la pension une fois fait, l'époux n'est plus admis à le faire modifier ; son débiteur qui était l'hérédité ne peut survivre indéfiniment et après la liquidation il devient impossible d'en vérifier la solvabilité.

C'est en ce sens qu'on peut dire que la créance alimentaire se liquidera en une fois entre la succession et l'époux survivant, et que la pension, une fois fixée, est irrévocable.

En revanche, les changements survenus dans la situation des héritiers du *de cujus,* qui deviennent débiteurs de la pension, ne peuvent avoir aucune influence ni sur le principe de cette dernière ni sur le chiffre auquel elle a été primitivement fixée ;

les héritiers verront leurs ressources augmenter ou diminuer sans que ces variations puissent leur donner le droit de faire modifier la pension [1].

A raison de son caractère alimentaire, la pension due à l'époux a pour mesure les besoins du créancier et les ressources du débiteur. Son quantum sera donc réglé eu égard à la valeur de la succession, sans tenir compte bien entendu du nombre et de la qualité des héritiers, car ce ne sont pas ces derniers qui en sont débiteurs, mais l'hérédité considérée dans son ensemble et comme représentant la personne même du défunt.

Afin de ne pas retarder indéfiniment le règlement de la succession, l'action pour réclamer la pension alimentaire doit être intentée dans l'année qui suit le décès. Pourtant, si le partage n'a pu être opéré dans ce délai, elle peut encore être intentée jusqu'à l'achèvement du partage.

Le quantum du droit alimentaire étant fixé, l'époux créancier de la pension n'a pas de privi-

---

1. « Le véritable débiteur de la pension alimentaire, lit-en dans le rapport de M. Piou, c'est l'hérédité, les héritiers n'ayant aucune obligation personnelle vis-à-vis du défunt. Or, cette hérédité n'est pas dans la rigueur des principes, une personnalité juridique ; sauf le cas de la séparation des patrimoines et de l'acceptation sous bénéfice d'inventaire, elle n'a pas à vrai dire d'individualité distincte ; elle disparaît par confusion dans le patrimoine des héritiers saisis de plein droit, dès le jour du décès par l'effet de leur vocation légale. »

lège spécial et ne peut exiger que le capital de cette pension soit prélevé sur l'hérédité. Mais, à titre de créancier, il peut demander la séparation des patrimoines et pour garantir le paiement de sa créance prendre inscription sur les immeubles de la succession, dans les 6 mois à compter de l'ouverture de cette succession, (art. 211, C. Civ.).

Il faut toutefois se garder de croire que le conjoint, étant créancier de la succession à l'effet d'obtenir une pension alimentaire, pourra venir en concours avec les créanciers du défunt. Si la dette alimentaire n'existe que dans la proportion des besoins de celui qui la réclame, en retour elle est limitée aux ressources de celui qui la doit. Or, pour établir les ressources du débiteur qui est l'hérédité, il faut tout d'abord liquider sa situation, c'est-à-dire déduire les dettes. Ce n'est donc qu'après avoir désintéressé les créanciers du défunt et sur l'excédent qu'on peut songer à attribuer une pension alimentaire au conjoint survivant. Il ne peut en effet y avoir de ressources qu'après le paiement des dettes :

En qualité de dette héréditaire, la pension alimentaire doit être supportée par les héritiers ou successeurs irréguliers ainsi que les légataires universels ou à titres universels qui, aux termes des articles 870 et 871. C. civ. doivent contribuer aussi au paiement des dettes.

La succession est-elle suffisante pour faire face à la fois au paiement des legs particuliers et au service de la pension alimentaire ? Les héritiers auront à supporter ces deux charges.

Au contraire, les biens revenant aux héritiers ou successeurs universels sont-ils insuffisants ? la pension sera, dans ce cas, supportée aussi par tous les légataires à titre particulier proportionnellement à leur émolument.

En définitive, si l'hérédité n'est pas suffisante, il est juste que l'époux puisse faire réduire les legs proportionnellement à ce qu'ils représentent dans la masse, ou même intégralement ; car il agit à titre de créancier et les legs ne doivent être délivrés qu'après entier paiement du passif (*non sunt bona nisi deducto aere alieno.*)

Cependant, si en cas d'insuffisance de la succession tous les legs doivent supporter une réduction proportionnelle ou mieux si les légataires ne doivent prendre sur ce qui reste que proportionnellement au montant de leur legs, il peut arriver que le *de cujus* ait manifesté expressément le désir que tel legs fût acquitté de préférence aux autres. Aux termes du dernier alinéa de l'article 205, cette volonté sera respectée et

par application de l'article 927 C. civ., on fera
supporter la dette alimentaire, d'abord par les autres legs et subsidiairement, en cas d'insuffisance,
par le legs qui devait avoir la préférence sur les
autres.

La pension alimentaire est accordée à tout événement à l'époux survivant qui se trouve dans le
besoin ; elle n'est soumise à aucune des déchéances s'appliquant au droit successoral d'usufruit.

Le conjoint fut-il exclu de la succession comme
indigne, eût-il succombé dans une instance en séparation de corps, eût-il convolé en secondes noces,
même dans le cas où il reste des enfants du mariage
qu'il n'en conserve pas moins sa créance d'aliments. C'est qu'il s'agit d'assurer le droit de secours
résultant du mariage et dont rien n'a pu dispenser
le défunt. Les déchéances sont de droit étroit
et ne sauraient se présumer ; du reste, autre chose
est le droit de succéder, autre chose est le droit
de demander des aliments.

Il faut toutefois observer que les tribunaux verront dans le convol de l'époux survivant non pas
précisément une cause de déchéance, mais souvent un motif de décider que le bénéficiaire de la
pension n'est plus dans le besoin, dans ce second
mariage, en effet, celui qui se remarie a dû trouver
les moyens d'assurer son existence.

Aussi les débiteurs de la pension trouveront-ils le plus souvent dans ce convol un. moyen pour obtenir des tribunaux la suppression complète ou tout au moins la diminution notable de la charge qui leur était imposée. ·

La créance d'aliments appartenant au conjoint survivant est établie sans aucune restriction, elle existe qu'il subsiste ou non des enfants du mariage.

Il peut donc arriver, si les biens de la succession ne constituent pas un droit successoral suffisant pour subvenir aux besoins de l'époux, que celui-ci se trouve en présence de deux créances alimentaires : 1° contre ses enfants en vertu de l'ancien art. 205. 2° contre la succession du prédécédé en vertu du même article complété. Comment dès lors devra-t-il procéder ? Aura-t-il un droit d'option, devra-t-il exercer simultanément ses deux créances ou dans un ordre déterminé ?

La question n'a pas été tranchée législativement et c'est seulement dans un des rapports du Sénat que nous la trouvons soulevée ou du moins effleurée. «

Votre commission, écrivait M. Delsol, croit que l'époux survivant qui est sans ressources doit avoir une créance d'aliments contre la succession de son conjoint, même quand il y a des enfants, car la succession représente le prémourant qui lui devait, avant tous autres, des aliments, et il sera toujours moins dur pour le survivant de réclamer ces aliments de la succession que de les demander à ses enfants. »

Pour nous, la loi étant muette sur la combinaison des deux dettes alimentaires, il nous semble que le conjoint survivant est libre d'agir comme il l'entend. Sans doute il pourra, en cas de concours des deux créances, préférer s'adresser à la succession du prédécédé avant de se retourner contre ses enfants, mais c'est une simple faculté et aucune obligation légale ne l'y contraint.

CHAPITRE III. — *Conclusion.*

La loi du 9 mars 1891 nous étant maintenant connue dans toutes ses dispositions, il nous reste à conclure par quelques mots d'appréciation.

Tout d'abord la légitimité du principe de la loi nouvelle ne saurait être mise en doute. Ceux-là même en effet qui firent les plus extrêmes réserves sur les modifications apportées au Code civil, admettaient toutefois que le Code de 1804 était insuffisant et qu'il restait quelque chose à faire en faveur du conjoint survivant.

Mais si la pensée inspiratrice de la loi a reçu une approbation unanime, il n'en a pas été de même de la façon dont cette pensée a été traduite législativement.

Un certain nombre de législateurs [1] dont la plupart étaient des jurisconsultes éminents, ont soutenu que pour arriver au but qu'on se proposait, il était suffisant et bien préférable d'attribuer simplement à l'époux, qui est dans le besoin,

1. MM. Berthauld, Humbert, Bozérian, Durand etc.

une pension alimentaire à prendre sur la succession du prédécédé.

Que voulait-on en définitive ? Empêcher le spectacle fâcheux qui pouvait se produire en certains cas, d'un conjoint réduit à la gêne et même à la misère en face d'une succession opulente. Or, la créance alimentaire est suffisante à remédier à une pareille situation ?

N'était-il pas préférable de laisser les parties et à leur défaut les tribunaux, apprécier dans chaque cas particulier la limite des besoins du conjoint survivant, au lieu de procéder par voix générale sans distinction, au risque de favoriser un époux riche en face de parents pauvres.

Nous reconnaissons volontiers que cette manière de procéder pour aboutir à une réforme était plus simple, n'eût pas entraîné les complications de la loi nouvelle et les difficulté qui pourront surgir de sa mise en pratique.

A notre avis, les promoteurs de la réforme eussent même agi sagement en limitant dès l'origine leur proposition à la seule reconnaissance d'une pension alimentaire en faveur du conjoint survivant. En se restreignant ainsi, ils fussent sans aucun doute arrivés plus promptement à un résultat pratique. Une simple adjonction à l'article 205 du Code civil n'eût pas entraîné les longues discussions dont a été l'objet l'établissement d'un nouveau droit successoral ; elle n'eût rencontré que bien peu d'objections et les esprits distingués, qui ont fait des réserves sur la loi de 1891, ne se fussent pas opposés à une modification aussi restreinte du Code civil.

Après une élaboration de dix-huit ans, la proposition Delsol a néanmoins abouti ; bien des modifications y ont été apportées et quelques dissentiments entre les deux assemblées législatives sur des points importants ou de détail ont encore retardé la promulgation de la nouvelle loi.

Par des concessions réciproques, le parlement a fini par se mettre d'accord. Comme le dirait l'honorable rapporteur à la Chambre des députés en réponse à la présentation d'un nouvel amendement, il était temps « de mettre un terme à ce long travail d'enfantement et de ne pas défaire pour la refaire encore une fois cette toile de Pénélope qu'on avait mis si longtemps à tisser. »

Cette réserve, une fois faite, il faut constater que la simple reconnaissance d'une créance d'aliments, tout en portant un remède utile à la lacune du Code civil ne pouvait répondre pleinement à la pensée intime des promoteurs de la réforme, pensée que le législateur s'est également appropriée.

Ceux-ci en effet ne cherchaient pas unique-

ment à remédier à une situation malheureuse en
venant secourir le conjoint pauvre ; une pension
alimentaire largement calculée par les tribunaux
eût sans doute été suffisante pour obtenir un tel résultat. Leur pensée, plus générale et plus élevée,
était de rendre un nouvel hommage au lien conjugal en lui attribuant des effets sérieux et certains
au point de vue héréditaire et en l'assimilant dans
une certaine mesure à la parenté créée par les
liens du sang.

Ce n'est donc pas seulement dans une pensée
d'humanité, de charité pourrait-on dire, à l'égard
de l'époux malheureux que le législateur actuel
est venu modifier les dispositions du Code civil, il
a obéi à une idée plus haute et voulu que l'époux
fût honoré pour lui-même et non assisté en qualité d'indigent. Il a cherché à « honorer le mariage » selon l'expression qui a été employée à
plusieurs reprises dans l'élaboration de la loi ,.
Cette idée de seule pension alimentaire lui répu-
gnait; il lui semblait peu compatible avec la dignité du mariage de réduire dans tous les cas
l'époux survivant à venir tendre la main et qué-
mander en quelque sorte une aumône.

1. Cette loi, disait M. Delsol au Sénat « est un heureux et notable
progrès dans notre législation civile, car elle sauvegarde, dans la personne de l'époux survivant, l'honneur et la dignité du mariage. »

« Voyez, s'écriait en 1877, M. Boubeau [1] au Sénat, voyez, cet époux, cette épouse. Leur existence a été modeste ; ils ont vécu ensemble dans une maison heureuse et obscure. L'un décède, et dans cette existence à deux, modeste et non tourmentée, les regrets de la perte sont peut-être plus vifs que dans des situations plus élevées.

« La mort a brisé le lien et imposé la séparation, mais quoi ! Est-ce qu'il n'est rien resté des obligations antérieures ?

« Que signifie donc cette expression légale qui a été transmise du droit romain dans notre droit coutumier « veuf, veuve ? » La maison est vide et le cœur n'est plein que de souvenirs ! N'est-ce pas une qualité légale que celle de veuve ? qu'en faites-vous, que devient-elle !

« Quel est ce conjoint que vous appelez la veuve et qui pleure, si elle n'est pas encore la personnification de cette union brisée, s'il ne reste rien du mariage, si tout a disparu en même temps que celui qu'elle aimait ! Ce n'est pas là seulement une question de succession, une question d'hérédité ; mais *c'est la famille qu'il faut honorer dans son principe. C'est le mariage qu'il faut élever bien haut* ; il faut que tous, — et ceux-là surtout qui sont spiritualistes, — sachent et comprennent que

1. Journal officiel du 7 mars 1877, p. 1745.

la mort ne fait pas tout disparaître ; il fàut que les
enfants, dont le père est mort, voient dans leur
mère le représentant isolé de cette famille dans
laquelle ils ont vécu, qui leur a donné l'existence,
l'entretien, l'éducation. Il faut qu'ils la respectent
non seulement comme mère, mais comme veuve,
parce qu'elle est bien la personnification de cette
union sainte qui doit être *glorifiée* par la loi, qui
doit avoir un symbole, et qui se manifeste par un
droit que la loi saura créer ! »

Qui pourrait donc s'élever contre le sentiment
auquel notre législation paraît avoir obéi ? Assurément ce peut être ceux qui, adversaires déclarés
du divorce, reprochaient dernièrement au législateur moderne de porter un coup funeste à
l'institution du mariage, en abandonnant son ancienne indissolubilité, par le rétablissement d'un
divorce même limité, et l'accusaient de tendre de
plus en plus à n'accorder au bien conjugal qu'une
importance relative. N'est-ce pas répondre indirectement à ce reproche et prouver qu'il est pour
le moins prématuré ?

Quant à nous, la loi du 9 mars 1891 nous paraît logique et conséquente avec les principes qui
doivent guider le législateur dans le règlement de
la succession *ab intestat*[1]. Cette succession n'est

1. Sans nier du reste les considérations sociales et politiques qui
l'influencent.

autre chose que le testament présumé du défunt. Or si le *de cujus* règle ordinairement la dévolution de ses biens en raison de l'affection éprouvée pour ceux qu'il gratifie, qui pourrait contester les droits de l'époux survivant sur la succession du prédécédé?

L'affection entre époux n'a sans doute pas les mêmes caractères que celle qui découle ordinairement des liens du sang; elle est soumise à des fluctuations, à des caprices qui peuvent sembler peu naturels et ne s'expliquent que par la mobilité des sentiments et des passions qu'elle met en jeu; ce sont là question de psychologue.

Mais si cette affection n'a pas la même uniformité que celle qui naît des liens de parenté, si elle subit des variations plus grandes et plus fréquentes, ce n'est pas une raison suffisante pour la délaisser ou plutôt la nier en ne la présumant pas. Il serait en effet peu logique et même immoral que la loi présumât l'affection du *de cujus* à l'égard de ses parents jusqu'au douzième degré et qu'elle repoussât cette présomption à l'égard de l'époux.

L'affection conjugale doit donc être présumée ; elle mérite de produire des conséquences importantes dans la dévolution *ab intestat*. C'est ce qu'a voulu la loi du 9 mars 1891 sans blesser d'autre part l'idée de devoir de famille qui constitue aussi

une des bases de notre régime ˙successoral. En
effet, le droit d'usufruit, accordé au conjoint survivant, en présence de parents par le rang, ne fait
que retarder la jouissance de la famille du *de cujus* et ne porte pas atteinte en somme à ses droits
héréditaires.

Nous approuvons aussi la loi de 1891 d'avoir
refusé de suivre l'exemple de certaines législations
étrangères qui concèdent à l'époux une véritable
réserve. Non pas qu'une semblable concession
nous paraisse impossible à justifier en principe ;
car, si l'on fait de la réserve ordinaire une institution protectrice du droit de la famille et la sanction des devoirs qu'impose la paternité ou la piété
filiale, il serait logique également dans le cas particulier de la faire résulter des droits du mariage
et des devoirs résultant du lien conjugal.

Mais la création d'une nouvelle réserve dans
de nombreuses successions eût été une entrave
nouvelle à la circulation des biens ; sans parler
qu'elle eût encore favorisé la spéculation dans le
mariage.

Il est certain d'autre part que si le droit successoral entre époux a pour principal fondement la volonté présumée du prémourant, ce droit
devait disparaître devant une manifestation contraire de volonté. Il est juste que le *de cujus* qui a

des motifs de se plaindre de la conduite de son conjoint à son égard conserve le pouvoir de punir le coupable et de ne pas lui laisser la jouissance d'une partie de son patrimoine. Cette exclusion, pourrait-il la prononcer formellement et déclarer dans ses dispositions testamentaires qu'il entend que son conjoint n'ait rien à prétendre sur sa succession ? Il peut en tous cas arriver au même résultat d'une façon plus directe, sans prononcer formellement une sorte de déchéance et proclamer l'indignité de son conjoint en donnant ou léguant ses biens à des tiers, soit étrangers, soit successibles, c'est-à-dire à des parents ou à des étrangers.

Dira-t-on que, par l'attribution d'une créance alimentaire au conjoint survivant, la loi nouvelle, tout en refusant une réserve à l'époux, aboutit en somme au même résultat que si elle lui en reconnaissait une. Qu'il est singulier que les biens compris dans la réserve du Code civil ne puissent être atteints par le droit d'usufruit reconnu au conjoint, tandis que celui-ci peut prétendre à une pension alimentaire prise sur la succession et qui dès lors sera supportée par les héritiers réservataires. Nous répondrons qu'une pareille conclusion n'est rien moins qu'exacte ; à notre avis la solution de la loi s'explique parfaitement.

En effet, l'attribution d'une réserve en faveur du

conjoint supposerait des restrictions apportées au droit de disposition à titre gratuit reconnu à l'époux *de cujus*. Or, celui-ci est absolument libre de disposer de ses biens comme il l'entend. A sa mort, il est vrai, le conjoint survivant pourra toujours, s'il est dans le besoin, réclamer une pension alimentaire ; il arrivera dans certains cas que cette pension entamera les droits des réservataires ; mais un tel résultat n'a rien de contraire à la disposition qui interdit au survivant de prendre son usufruit légal sur la réserve. Ici, en effet, le conjoint vient réclamer non plus son droit successoral, mais une créance alimentaire ; il se présente non plus à titre de successeur *ab intestat*, mais à titre de créancier, ce qui est bien différent ; il est donc naturel et logique qu'il soit payé à ce titre même quelquefois sur des biens qui font partie de la réserve.

Ce n'est plus le droit successoral entre époux qui produit de tels effets, c'est l'obligation du secours résultant du mariage, qui se prolonge et survit pour produire des conséquences, même après la rupture du lien conjugal survenue à la mort d'un des époux.

C'est pour toutes ces raisons qu'il est permis de conclure que la loi du 9 mars 1891 complète heureusement le Code civil sans détruire l'harmonie de ses dispositions. Cette loi doit être pleinement approuvée dans son principe et, si ses dispositions ont pu soulever certaines critiques, si son application peut susciter certaines complications et entraîner quelques difficultés, on ne peut nier qu'elle ne constitue, dans son ensemble, une œuvre de justice et de progrès.

APPENDICE

LÉGISLATIONS ETRANGÈRES

Nous citerons dans cet Appendice la législation des pays qui nous entourent et plus particulièrement celles des peuples qui ont entrepris dernièrement la refonte de leur législation civile [1].

Angleterre [2]. La loi anglaise n'établit pas de communauté de biens entre les époux. A défaut de stipulations particulières, la femme en se mariant apporte à son mari l'usufruit de tous ses biens immobiliers et la propriété de ses meubles. Le mari prédécède-t-il en laissant des

---

1. Les autres législations ont été étudiées précédemment.
2. *Eléments de droit civil anglais* par Lehr, p. 704, et Boissonade, *op. cit.* p. 510.

enfants ou des descendants, la veuve recueille le tiers de l'avoir mobilier net, c'est-à-dire déduction faite des dettes du défunt. Est-il mort au contraire sans laisser d'enfants ni descendants; la veuve prélève la moitié de cet actif net.

Enfin la femme acquiert généralement, pour le cas de sa survie, un droit de jouissance viagère sur les tiers des immeubles de son mari.

Allemagne. En laissant de côté les législations que nous connaissons déjà et qui s'appliquent encore dans les différents Etats de l'Empire, constatons que les droits successoraux de l'époux survivant sont formellement reconnus par le projet du Code civil allemand dont l'élaboration n'est pas encore terminée, mais qui, dans un avenir plus ou moins rapproché, constituera la législation civile de tout l'Empire d'Allemagne.

Aux termes de ce projet, le conjoint survivant ne recueille pas seulement un simple usufruit, son droit d'héritier *ab intestat* est reconnu même en présence d'enfants.

Voici du reste ce qui lui est attribué [1].

1. V. Bulletin de la société de législation comparée, juillet 1890. Vol. 88-90, p. 658. — *Etude sur le droit successoral dans le projet de Code civil de l'Empire d'Allemagne,* par Drioux.

1° Le quart de la succession en concours avec la première ligne.

2° La moitié, en concours avec la seconde ou avec des aïeux. ·

3° Le tout dans les autres cas.

Si le conjoint est en même temps parent du *de cujus*, il hérite à ce double titre et de parts distinctes.

Enfin disons pour terminer que s'il vient en concours avec la seconde ligne ou des aïeux, il recueille en outre les meubles à l'usage ordinaire de l'époux, à l'exception de ceux qui sont l'accessoire d'un immeuble.

Belgique. La Belgique est un des rares pays de race latine qui ait conservé l'ancien art. 767 du Code civil français. Elle a pourtant modifié certaines dispositions de notre Code, mais sur ce point particulier, elle n'a pas eu l'avantage et le mérite de précéder le législateur français dans la voie des réformes comme elle l'a fait pour le régime hypothécaire.

Italie. Nous n'avons plus à nous occuper aujourd'hui des législations qui s'appliquaient aux différents Etats de la péninsule avant l'unification et la reconnaissance du royaume d'Italie. Nous ne parlerons donc que du Code civil qui régit actuellement toute l'Italie.

Aux termes des art. 754 à 757 de ce Code, lorsque l'époux défunt laisse des enfants légitimes, le conjoint survivant prend dans la succession l'usufruit d'une portion héréditaire égale à celle de chaque enfant, l'époux étant lui-même compté dans le nombre des enfants.

Quand des enfants naturels concourent avec des enfants légitimes, l'usufruit de l'époux survivant est d'une portion égale à celle qui revient à chaque enfant légitime ; mais cette portion d'usufruit ne peut jamais excéder le quart de l'hérédité.

S'il n'y a pas d'enfants légitimes, mais des ascendants, des enfants naturels, des frères ou sœurs ou descendants d'eux, l'époux survivant aura le tiers de l'hérédité en propriété ; cependant s'il concourt en même temps avec des ascendants légitimes et avec des enfants naturels, il n'aura droit qu'au quart de l'hérédité.

Enfin l'époux survivant a droit aux deux tiers s'il n'y a que des successibles collatéraux au sixième degré, et il est appelé à la totalité à l'exclusion des parents du sixième au dixième degré.

Il faut dire, pour expliquer l'importance de ces droits successoraux, que dans le Code italien la communauté n'existe qu'en vertu d'une convention spéciale, et que dans aucun cas elle ne peut être universelle si ce n'est pour les acquêts ;

Il est vrai que, comme tempérament, l'époux est tenu d'imputer sur sa part héréditaire tout ce qu'il a reçu du défunt en vertu des conventions matrimoniales et des gains dotaux. (art. 753 à 756).

Indépendamment de ces droits *ab intestat*, il faut observer que le conjoint survivant a une portion légitime ou réservée, en usufruit ; elle est d'une part d'enfant légitime en présence d'héritiers de cette quotité et ne peut jamais excéder le quart tout en pouvant y être inférieure ; elle est d'un quart en face d'ascendants et d'un tiers en face de successibles non réservataires eux-mêmes.

Enfin l'époux survivant perd ses droits par la séparation de corps prononcée contre lui, mais non par la séparation par consentement mutuel, ni par un second mariage.

Espagne. En raison de la date récente du nouveau Code civil espagnol, nous croyons devoir en reproduire intégralement les dispositions sur le sujet qui nous occupe. Ce Code civil promulgué le 24 juillet 1889 contient une *section* spéciale consacrée aux « droits de l'époux veuf [1]. »

---

1. *Eléments de droit civil espagnol* par Lebr. IIe partie consacrée au Code de 1888-1889.

834. Le veuf ou la veuve, qui à la mort de son conjoint n'était pas séparé de corps, ou qui l'était par la faute de l'époux défunt, aura droit à une part en usufruit, égale à celle que la réserve donne à chacun de ses enfants ou descendants légitimes non avantagés. — Le veuf ou la veuve aura l'usufruit du tiers destiné au préciput, s'il n'y a qu'un seul enfant ou descendant; ce dernier aura la nu-propriété jusqu'à ce que, à la mort de l'époux survivant, il la réunisse à l'usufruit. — Si les époux étaient séparés à cause d'une instance en séparation de corps, on attendra le résultat du procès. — Si entre époux séparés, est intervenu le pardon et la réconciliation, le survivant conservera ses droits.

835. La part héréditaire, assurée en usufruit à l'époux veuf, devra être prélevée sur le tiers des biens destinés au préciput.

836. Si le testateur ne laisse pas de descendants, mais des ascendants, le conjoint survivant aura droit à l'usufruit du tiers de la succession. — Ce tiers se prendra sur la moitié dont le testateur pouvait disposer en pleine propriété.

837. Lorsque le testateur ne laisse ni descendants ni ascendants légitimes, le conjoint survivant

a le droit à la moitié de la succession toujours en usufruit.

838. Les héritiers pourront fournir au conjoint sa part d'usufruit, en lui assignant une rente viagère et le produit de biens déterminés, ou un capital en argent si on y consent d'un accord mutuel et, à défaut, en obtenant une décision judiciaire. — Si cela ne se réalise, tous les biens de la succession seront affectés au paiement de la part d'usufruit appartenant à l'époux veuf.

839. Dans le cas où des enfants de deux ou plusieurs mariages sont en concurrence, l'usufruit appartenant à l'époux veuf du second mariage se prendra sur le tiers de libre disposition des parents [1].

Remarquons que ce nouveau code, longtemps attendu, n'a pas la même portée que le Code civil français. En effet, il n'inaugure pas encore en Espagne l'unité législative établie dans tous les grands pays ; il laisse subsister dans toute son intégrité le *fuero* ou droit local là où il existe (v. art. 12). Autrement dit, à la différence du lé-

---

1. V. dans la collection des Codes étrangers. Code civil espagnol promulgué le 24 juillet 1889, traduit et annoté par A. Levé, vice-président du tribunal civil d'Avernes.

gislateur français de 1804, le législateur espagnol n'abolit pas les coutumes locales, il se contente de constituer une sorte de droit commun destiné à suppléer aux lacunes et aux insuffisances des *fueros*.

POSITIONS PRISES DANS LA THÈSE

DROIT ROMAIN

I. Sous Justinien, le droit de succession, créé au profit de la veuve pauvre et non dotée, était un droit d'usufruit.

II. La veuve pauvre recueille sa quarte en qualité d'héritière.

III. L'époux n'est pas primé par le fisc dans le système des *bonorum possessiones*.

IV. Le *concubinatus* des romains doit être traduit par le mot concubinage.

DROIT FRANÇAIS

I. Le principe de la succession prétorienne *unde vir et uxor* n'a jamais disparu dans le droit de notre ancienne France.

II. La loi de Nivôse an II fait disparaître le droit de succession *ab intestat* entre époux.

III. L'époux n'a pas à imputer sur son droit légal les avantages qui résultent pour lui du contrat de mariage ;

mais il doit imputer les libéralités dont l'a gratifié son conjoint par contrat de mariage.

IV. L'époux ne peut cumuler l'usufruit légal avec une libéralité préciputaire — la clause préciputaire est inefficace dans les libéralités entre conjoints.

V. L'exhérédation pure et simple du conjoint n'est pas permise.

VI. La pension alimentaire n'est pas soumise aux causes d'indignité et de déchéance qui frappent le droit successoral du conjoint.

EN DEHORS DE LA THÈSE

DROIT ROMAIN

I. De *nudum pactum* engendre une obligation naturelle.

II. La loi *Cincia* n'est pas une loi prohibitive.

III. L'action publicienne protège indistinctement le propriétaire bonitaire et le simple possesseur de bonne foi.

IV. *L'in integrum restitutio* est antérieure aux actions *doli* et *metus*.

V. Dans le dernier état de droit romain les mineurs pourvus d'un curateur ne peuvent s'obliger sans le consentement de celui-ci.

DROIT FRANÇAIS

I. L'inscription de l'hypothèque légale de la femme mariée, prise au cours du mariage « pour conservation des droits et reprise de la femme, le tout indéterminé » est nulle, si, au moment où l'hypothèque est inscrite, le montant de la créance de la femme contre le mari était déterminé par des actes certains.

II. Le créancier héréditaire peut accepter l'héritier comme débiteur personnel sans perdre pour autant le bénéfice de la séparation du patrimoine s'il a soin d'insérer des réserves dans l'acte pour déclarer qu'il entend conserver son droit de préférence sur le patrimoine du défunt.

III. Le superficiaire a, non pas un simple droit d'usufruit, mais un droit de propriété.

IV. Est valable la réserve du droit de chasse sur un fonds, faite à son profit par le vendeur de ce fonds.

Matières diverses.

I. La mort du mari survenue au cours du procès en adultère intenté à la femme n'éteint pas l'acte publique.

II. L'article 1er de la loi du 26 mars 1891 (loi Bérenger) ne s'applique pas aux condamnations à l'amende prononcées pour infraction aux lois de douane.

III. Les articles 1792 et 2270 du Code civil s'appliquent en matière de travaux publics.

IV. La déchéance quinquennale établie par la loi de

1831 contre les créanciers de l'Etat peut être opposée en tout état de cause.

V. Est licite la clause d'après laquelle le frêt non avancé sera payable même en cas de sinistre.

VI. Les personnes morales ne sont capables de recevoir que dans les limites de la mission à elles données par les lois qui les ont reconnues.

Vu :

Le Président de la thèse,

Gérardin.

Vu :

Le Doyen,

Colmet de Santerre :

Vu et permis d'Imprimer :

Le Vice-Recteur de l'Académie de Paris,

GÉRARD

www.ingramcontent.com/pod-product-compliance
Ingram Content Group UK Ltd.
Pitfield, Milton Keynes, MK11 3LW, UK
UKHW022329090726
13658UKWH00001B/162